日本全国

# オトナのごほうびビジホ旅

文・イラスト　ぴや子
（YouTubeチャンネル
『酒飲み独身ぴや子の宿泊記』）

ワニブックス

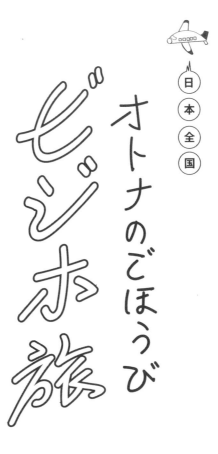

## はじめに

私はＹｏｕＴｕｂｅ『酒飲み独身ぴや子の宿泊記』というチャンネルに２０２１年5月から動画を投稿しています。プチ旅行気分でビジネスホテルを巡り、ゆるーくマイペースに動画をあげています。

もともと、特に食い倒れ旅が大好きでいろんな所へ行っていました。そんな折に世界を襲った感染拡大。仕事もプライベートも大変なことになり、私の心は何度も折れそうになりました。そんな時にふと出会ったのが「ドーミーイン川崎」。コロナ禍の中で「おこもりステイ」がブームになっていた頃です。

身も心も冷え切った私が辿り着いた初めてのビジホ。でも勝手に抱いていたイメージとは異なり、立派な大浴場と豪華朝食ビュッフェがそこにはあったんです！　この日、ホテルに併設されたセブンイレブンで購入したお酒とおつまみでひとり乾杯したことを、昨日のことのようにおぼえています。そしてピカピカのシーツで横になると朝まで

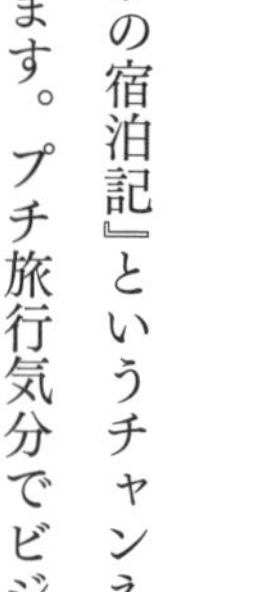

熟睡……チェックアウト後はすべてに対して前向きになっていました！

ビジネスホテルといえば、「出張で使う」というイメージをお持ちの方が多かったと思います。でも、いつでも気軽にフラッと泊まれる。なんならパンツ1枚だけ持っていれば、全国どこでも行けちゃうのがビジホの魅力の一つですよね。

そして私が辿り着いた境地が先ほどの〝ビジホ飲み〟。近くのコンビニでお酒とおつまみを買って、誰の目も気にせずお部屋で乾杯。お茶碗洗いも掃除も洗濯も必要ありません。好き勝手に過ごして、お風呂やサウナにも入って心をととのえる。「今日を生きる活力」まで与えてくれます。

よく視聴者さんからいただくのが「なぜわざわざビジホに泊まるの？家と同じことしてるじゃん」という質問です。でも、お金を払って〝特別な空間〟で〝特別じゃないことを楽しむ〟って至福の時間だと思いませんか？

仕事終わりにコンビニでビールとお菓子を買い込んでビジホにこもる。
京都の夜景を見ながらベッドでゲームする。
朝食はここぞとばかりに1ケ月分のお野菜を摂る(笑)。
こんなことに30代の貴重な時間とお金を贅沢に使う……私はこれ以上の幸せを知りませんし、嫌なことがあったら〝ビジホ飲み〟でリセットしています。

ビジホ飲みは〝おひとりさま〟にもおすすめだと思っているのですが、私はこの〝おひとりさま〟という言葉に強いこだわりを持っています。

私にとっての〝おひとりさま〟とは「ひとりで気楽に過ごす様(さま)」のこと。誰からもルールからも縛られない、至福の時間。ただし、独身の人のみを意味するわけじゃなくて、パートナーがいる人でも、家族がいる人でも、子供がいる人でも、そしてそうじゃない人にもおひとりさまになる権利はある。すなわち〝自分だけの時間〟のことだと勝手に解釈しています。

そうなんです。自分勝手に気ままな時間。自分すら縛らない。これこそが私が考える〝おひとりさま〟であり〝ビジホ飲み〟なんです。

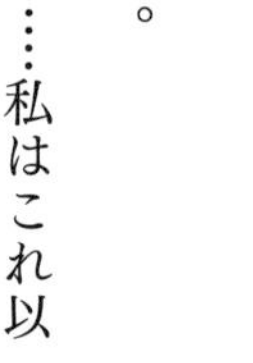

ホテルに泊まったからといって、「ひとりじゃ恥ずかしい」「外食しなきゃいけない」「ご当地ごはんを食べなきゃいけない」「観光しなきゃいけない」なんて縛りは必要ないと思いませんか。

部屋で食べて、飲んで、サウナとお風呂に入って、ゲームをしながら寝る。結果、疲れた体と心がととのえば私はすごく幸せです。

ガイド本にしては浅いし、私には画力も原稿力もありません。でも、多くの人にとにかく楽しんでもらえる本を作りたい――そんな思いを込めて、この本を頑張って描きました。

気になったビジホがあったら気軽に身軽に足を運んでみてください。

なんにも気にせず、ぐうたらで怠惰な時間でもいいかもしれません。

城巡りや繁華街巡り、王道の観光地巡りもいいかもしれません。

ひとりで行ってもみんなで行っても魅力を見つけられる。それが〝ビジホ飲み〟のいいところ。どうかあなただけの〝ビジホ旅〟をお楽しみください。本書がそのきっかけになったらすごく嬉しいです！

そしておひとりさまだけじゃなくて、いろんな人に読んでもらえたらもっと嬉しいです!!

CONTENTS

# 日本全国オトナのごほうび　ビジホ旅

# CONTENTS

CONTENTS

TRIP 01 KANAGAWA

# 神奈川

## 天然温泉 扇浜の湯
## ドーミーイン川崎

ご予約はこちらから

# 苦しいときに助けてくれたのが ドーミーインでした

私が人生で初めてひとりで宿泊したホテルが「ドーミーイン川崎」。きっかけは「おこもりステイ」「ホカンス」などが流行ったコロナ禍でした。

もともとスパや温泉に行くのが好きでしたが外出自粛のムードでそれもできず、身も心も冷え切った冬にたまたまネットでドーミーインの情報が目に。ドーミーインが有名なチェーンのビジネスホテルということも知らず、その時はビジネスホテルに大浴場が付いているの?!?!とびっくり。

　また、命を預かる仕事をしていたため業界全体ではコロナにかなり敏感で「出勤以外で出かけるなんてありえない！」という雰囲気でした。「もし職場の人に見つかったらどうしよう…それでもなんとか癒されに行きたい！」と自身の中で葛藤した末わざわざ少し離れた神奈川の川崎を選んで予約。

入室してまず思ったこと。部屋が思ったより狭い(笑)。自分の家の半分しかない！　でも狭い中にも過ごしやすい設備が揃っており、テレビのモニターでは大浴場の混雑具合をリアルタイムで確認できました。ホテル併設のセブンイレブンで購入したお酒とおつまみを小さなテーブルに広げて乾杯！　この日は徹夜で仕事をしていたのですが、初めてのビジホで興奮冷めやらず、仮眠なしで22時まで晩酌。そしてベッドにダイブ！　パリッとしたピカピカのシーツで寝るのってこんなに気持ちがいいのか！　とまた感動。このパリッと感は自宅じゃ味わえませんから！　そしていつの間にか夢の中へ。

慌てて起きたのが4時ごろ。川崎のドーミーインには日の入り、日の出時刻が書いてあるお手製ボードがあるんです。それを確認し、日の出を目がけて大浴場へ。

繁華街にあるので開放的な窓はないのですが、日の出が見える小さい窓があります。そこから日の出を見た時「そういえば仕事のことすっかり忘れていたな…」と思ったんです。なんか胸がじわぁと熱くなるというか。言葉には上手くできないんですが、自分のダメなところも、これから起こるであろうことも全部前向きになるような気がして。実際、それからも辛いことも嫌なこともたくさんありましたが、この日の出を思い出して頑張れている自分がいます。

心を動かされた大浴場からの眺め

その頃、仕事のことでかなり悩んでいました。やりがいもあり、胸を張って必要な仕事だと言えました。でもキャリアを積みたいわけじゃないし、そもそもそこまで実力もない。仕事の責任や重さに反比例して、ただただ迷惑をかけてしまう非力な自分に嫌気がさし、その後を考えて夜も眠れない日々が続いていました。そのうえ、かなり気分転換が下手で、寝ても覚めてもずっと仕事のことを考えていました。

長い人生だもん、いろいろあるよねー。
お酒大好き
マイペースでいいんだよー
しくしく
しくしく
ぎゅっ
よしよし

　YouTubeを始めてから一番良かったホテルは？　と聞かれることがあります。泊まったすべてのホテルに良さがあり、それぞれのホテルで工夫がされていて正直甲乙付けづらいんです。でも、私はドーミーインがビジホ巡りの原点であり、並々ならぬ思いがあるので、一番を決めるなら「ドーミーイン川崎！」と答えてしまいます（笑）。あの時本当に救われましたから。そして、周りのドミニスタ（ドーミーインを愛する人のこと）たちにも「ドーミーインはサービス、接客、施設の充実度、すべてにおいて群を抜いている！」と力説されますが、スタッフさんの誠実な仕事ぶり、ホテルの工夫、宿泊者を満足させようというホスピタリティ精神が本当にすごく伝わるんです。私も職種は違えど、そういう意欲を持って仕事ができるようになりたいと行くたびに思います。初めてのドーミーインのチェックアウト後は帰り際も誰かに見つかるのを恐れて駆け足で自宅に帰りましたが、たった半日の休日でもかなり充実感がありました。価値観が変わった気まで。そこから私のビジホ旅が幕開けとなりました。

おいでよ！ドーミーイン

Dinner
夜食

＼ドーミーインの定番／

# 夜鳴きそば

学生時代は都内近郊の有名家系ラーメンをほぼ制覇し、そのデータをファイリングするほどラーメンにはかなりうるさい私。基本的にラーメンはこってり一択なんですが、お酒を飲んだ後のドーミーインの夜鳴きそば、その美味しさは計り知れないです。

　注文してから麺を一つ一つ茹でてくれます。小ぶりのラーメンなのですが、大盛りも注文できますし、なんならスープ多めなどマニアックな注文をしている方もいました（ついでに今の私はトッピング多めで！　とお願いしていますが、何事もなく対応してくださいます）。

　あっさり醤油味で具材もシンプル。あまりにも美味しくて、いつもスープまですべて飲み干してしまいます。このスープ、飲むとホッとするんですよ。

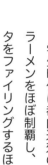

Morning

朝食

# 朝ごはん

和洋ゆたかな

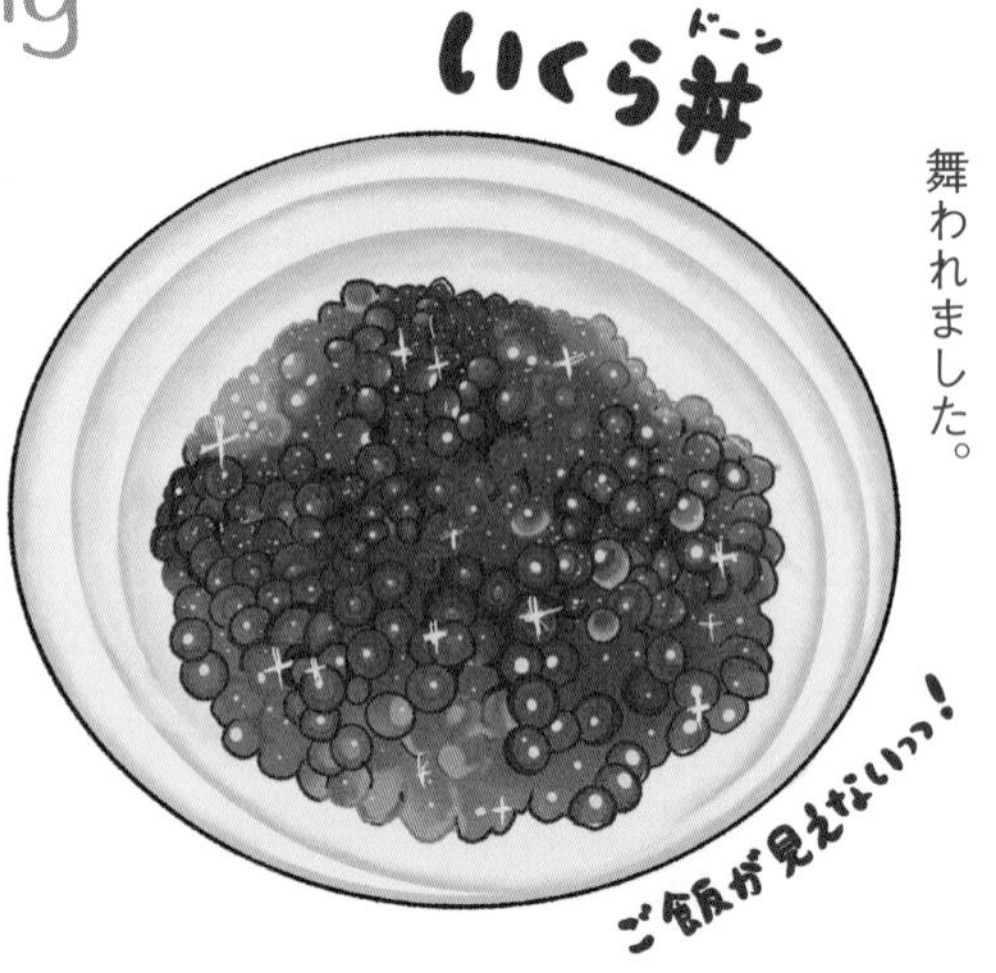

いくら丼《ドーン》
ご飯が見えないっっ!


ドーミーインの朝食はご当地ごとのオリジナルメニューがあり、私が行った当時はいくら丼が振る舞われました。

現在はローストビーフとお好み海鮮丼らしいです。

そしてライブキッチンでは出来立ての卵料理を作ってくださります。私はビーフシチューオムレツを注文。美味しい…。昨日あれだけ飲み食いしたのに美味しい。「そういえばひとり暮らしをしてから朝ごはんなんて食べてなかったよなぁ」と思いながら、噛み締めて食べました。そもそも仕事の日なんて3分で家を出るのでこんなにのんびりして朝食を食べるのもいつぶりなんだろう？　と。休日は昼過ぎまでソファーでゴロゴロし、「お腹が空いたら食べる」スタイルで過ごしていたのでそもそも朝食、昼食、夕食という概念がありませんでした。

すごい休憩…
お腹ペコペコ〜♪
朝から超ゴウカ


最後はコーヒーをテイクアウトし、チェックアウトまで客室でのんびり。ちなみにドーミーインは公式サイトから予約することをオススメします。なぜならアーリーチェックイン・レイトチェックアウトのプランがあるからです。そして最安値で予約できます！　ぜひ一度のぞいてみてください。

# ドーミーインのココがすごい!!

ドーミーりんご

もはやドミニスタ※(ドーミーインを偏愛する人の総称)の間では、常識かもしれませんが、ぴやこ的、ドーミーインの好きなところを挙げてみました!!!

## ① 充実した大浴場と完璧な水回り管理

基本的にドーミーインは内風呂、露天風呂、サウナ、水風呂があり天然温泉!! そして私は、かなり水回り、潔癖なのですが、ドーミーインの水回りで不快になったことはありません。こまめに掃除をしており、アメニティーも常に補充されています。

## ② 時間ぎりぎりでも補充される美味しい朝食

ホテルに宿泊する際、つい夜ふかしをしてしまったりして、朝食がcloseぎりぎりに…なんてことありますよね。ホテルによっては、ぎりぎりに行くと、朝食がほぼない…という所も多いですが、ドーミーインはclose間際でも補充して下さいます!!

<でも、早い時間に越したことはないゾ!! ⚠⚠

## ③ 寝心地抜群で、どこにでも移動できる部屋着

ドミニスタなら、1着は持っているという、寝心地抜群の部屋着 そしてその部屋着で大浴場だけではなく、館内全て、その部屋着で移動OK 朝食を食べる時でも一回一回着替えなくてもいい!! 本当に楽です◇◇

## ④ 防音対策バッチリ!!

ドーミーインには、部屋と、外廊下に繋がるところの間にドアが付いています。このドアによって、廊下での会話や物音がかなり軽減されます。このドアの重要性は、ドーミーインに宿泊して気が付きました!!

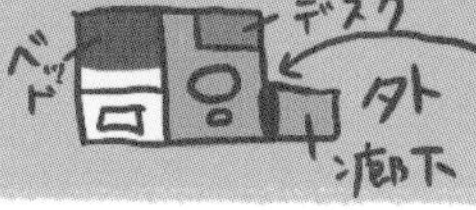
ベッド
デスク
外廊下

ココのドアのことネ!

ヨッ!!
テレるぜ
さすがですよー
パチパチ

※一部大浴場がない施設、天然温泉ではない施設があります。

ぴや子によるぴや子のための自己満ページ

# ぴやコラム

## YouTubeをはじめた理由

仕事中に、先輩と一攫千金を狙ってなにかしようよー。となったのがきっかけです。
具体的に一攫千金の手段として、「FX、宝くじで高額当選者になる。YouTube」という3つの選択肢が挙がり、FXと宝くじは現実的じゃないかなーと思って、YouTubeをやってみることにしました。

実際YouTubeを始めるのは意外と(?)簡単で、スマホと編集アプリがあれば、ある程度作ることができるので、取っ付きやすかったです。(本当はPCがあれば、もっとクオリティーの高い動画が作れるのでしょうが、PCの操作はとても難しいです。)

最初は料理動画を出す予定でした。
しかし、普段全くといっていい位、料理をしてない私は、撮影はおろか、料理一品作ることに一苦労。こりゃ続かんわと思い、
今の形になりました。コメントで「作り方、不潔です。」って絶対くると思いましたし(笑)実際やってみると、企画やネタを考えたり、意外にも頭を使うんだなあと思いました。でも自分の作った動画に直接反応をもらえるのが、こんなに嬉しいのか!と、最初は3カ月やろうと思ったYouTubeでしたが、気が付いたら、もう2年半…!?

驚きと感謝ですね…。

動画を作らなかったら
絶対に一人で遠くまで
行くことはなかったかも?!
その時の行動力には
感謝(笑)

# 愛媛

## レフ松山市駅
## byベッセルホテルズ

ご予約はこちらから

# 「松山駅」「松山市駅」の違いにご注意

愛媛コーデ

なぜ今回愛媛をチョイスしたのかというと、以前に四国の動画を出したときに愛媛出身の視聴者さんから「四国旅行って言ってるのに松山空港についた20秒後に香川に行ってわろたｗｗ」とコメントが来たこと、愛媛出身の友人が「愛媛は四国でも一目置かれる存在なんだぞ！　シャネルもあるんだぞ愛媛は！　四国のシティーボーイ&シティーガール‼」と言われたため、愛媛行くかーと愛媛にしました。

愛媛は羽田空港から1・5時間ほど。松山空港からは電車は通っていませんが、頻繁にリムジンバスがあるので松山市内に行くにはとてもアクセスが良いです。ただここは基本的に思い込みで行動する私なので、松山市駅で降りるはずが、松山駅で降りてしまいました。え？　友人曰く「四国で一番イケてるのは愛媛‼（諸説あり）」と言っていたのに松山駅なんもない。そして私が行くのは松山市駅ということに気が付き、路面電車で松山市駅に向かいます。

しかしここでまたハプニング。JR松山駅前駅には「1番」「2番」「5番」の電車が乗り入れています。その電車を間違え、全く別の駅に到着し、本来なら10分程度で着くはずが、20分以上かかり、松山市駅に辿り着いたのでありました。路面電車では現金のみのため、硬貨が足りない場合必ず両替してください。両替機はバスの後方と前方の運賃入れの隣にあります。間違って運賃入れに入れそうになりましたが、愛媛のおばちゃんズに助けていただき、なんとか両替に成功しました‼

ＹｏｕＴｕｂｅのコメントで「かなり効率良く回れていますね‼!」とお褒めいただいていますが、大体こんな具合で迷い込んでます（編集ってとっても便利ですね）。

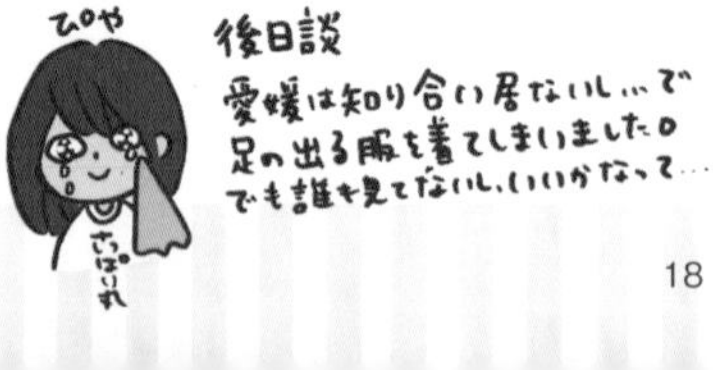
後日談
愛媛は知り合い居ないし…で
足の出る服を着てしまいました。
でも誰も見てないし、いいかなって…

全く知らない土地に行くのは結構勇気もあるし、聞こえる言葉(方言)は全く違うしで、少し不安になったりもしますが、しかしこういうことを経験してこそ、旅の経験値は上がると自分に言い聞かせています。

## 大人気！愛媛のゆるキャラたち

バリィさん…
バリィさんコスしたよ

バリィさん

愛媛県今治市をイメージしたPRマスコットキャラ。ゆるキャラ2012王者！

みきゃん

モチーフは「ミカン」と「犬」ミカンは愛媛の特産品であることや、犬は愛媛県の方言である「〜やけん」とかけている

＊愛媛県イメージアップキャラクター

一言にみかんと言ってもこんなにあるんだよ!!(これもほんの一部!)
デコポン
温州みかん
いよかん
紅まどんな
愛媛のみかんは最高だな〜
ぴや子オリジナルキャラ「みかんちゃん」
愛媛♡
伊予弁コーナー
◎もんた＝帰ってきた。 (例)※松山空港にて
※帰るカコ形で使う。
もんた♪もんた♪
◎しゃがれる＝轢かれる
車に轢かれそうなれそうな時『しゃがれたか
たかと思った』
◎クイズ(いきなり)を)
Q1おらぶ Q2めげる
↑伊予伊でなんと言うか？(Aは下へ…)
せとか
甘夏
甘平
カメズ愛媛ver
A1叫ぶ A2壊れる

Morning

朝食

＼ 遊びゴコロも満載 ／

# レフ松山市駅の朝食

レフ松山市駅の朝食は、通常の和・洋食に加えて、愛媛の郷土料理をはじめ、なんと日本酒や各地の人気グルメが楽しめるのも特徴。また、各料理を自分で作ったりトッピングしながら食べるという楽しみもあります。ここは家族連れも多かったので、みかんジュースの飲み比べや、オリジナルパフェ作りに子供たちも私も大喜びでした。

## 松山鍋焼きうどん

地元の人から長く愛され続ける、松山のソウルフード「鍋焼きうどん」。やわらかい麺と甘めの出汁が特徴。アルミ鍋で出てくるのが松山スタイルです！　甘めの出汁が朝からしみますね。

## 朝食みかん

みかん
食べ放題!!5つ食べた!!

## 鯛めし（〆はお茶漬けでも◎）

愛媛県は鯛の生産量日本一を誇っているんです！　鯛は県の魚にも指定されていて、地元で愛される鯛料理が豊富。特に人気が高いお魚なんです。それを朝から食べられるのは嬉しいですね！　真ん中に卵黄をのせて食べました！

## 日本酒朝食

朝食を食べながらこれはお酒のつまみとして最高だな…とよく思っていたので、朝から日本酒が飲めるなんて酒飲みには嬉しい。飲み過ぎは昼間の観光に響くこともあるのでほどほどに！

## 手作りパフェ 作り方は〇〇!!!

フルーツ、生クリーム、アイスクリーム、組み合わせは自由。好きなトッピングをこれでもかとたくさんのせて、自分好みのオリジナルパフェが作れます。なかなかお店のように上手にはトッピングできませんが、ファミレスでのバイト経験のある私は、意外にも上手く飾り付けができました。

## どら焼き

パフェに続き、ドラ焼きも作れます。観光旅行のファミリー層もたくさんいて、家族みんなでわいわい作っている姿も見られました。私も童心に返り、わいわい作りました！

手作りどら焼きも作れちゃいます！

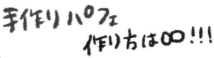

＼ ちょっと寄り道… ／

# 愛媛グルメを楽しむ

## えひめラーメン

夕食は何を食べようかフラフラしていたところ、ネットで「愛媛のラーメンは甘い」という言葉を見つけました。これを確かめるべくホテルから徒歩5分ほどにある「瓢太(ひょうた)」というお店に行きました。スープをすすすすす。ん～思ったより一般的な醤油ラーメン？　麺も美味しいです。そしてチャーシューガブリ。「!!!」　これが愛媛のラーメンが甘いと言われる原因なのでは!?　と思いました。そういえば確かにスープも甘めの醤油ラーメン…。賛否両論分かれるそうですが、これにどハマりするお客さんが多く、お昼には行列ができるんだとか!!

## えひめおでん

ラーメン屋さんなのですが、夜は居酒屋もやっているとのことで、おでんもここの目玉なのだとか。私もチョイス!!　やっぱおでんには日本酒だよね！　と、とりあえず時計回りに頼みます。この日は日本酒を3～4合と飲みすぎてしまいました。

EHIME Trip
レトロな
赤い電車です
松山空港でみかんタワー!!
映え
スポット
たくさん
こんなとこにレストラン
ひみつのレストラン感がいい!!
絶品
最高!!
人気の
「イタリアンハンバーグ
ランチセット!!」
店主さんの人柄も
ステキでした
一見分からないドア
松山市駅すぐの「Shii」というお店です
みかんコーデ
上着がオレンジと
黄色の中間色(?)
パシャリ
ここにもみきゃんが!!
バリィさんと観覧車♪
いたる所に
みきゃんがいます。

ぴや子によるぴや子のための自己満ページ

# ぴやコラム

## 視聴者さんの質問に答えよう！

### Q ホテルを選ぶときのこだわりは？

P.N t.kyonさん

「朝食が美味しそう、大浴場付き、バストイレ別」の順に選んでいます。でも最近は、大浴場も混むので、バストイレ別で、好きな入浴剤を入れて楽しんじゃってます。

普段は朝食を食べることがほぼないので、せっかく泊まるなら、朝ごはんが美味しい所がいいなあと思っています。最初の頃は「絶対大浴場!!」と思っていたのですが、都内の大浴場付きにだいたい行ってしまったので、バストイレ別がいいなと思っています!!

### Q 今までの旅の失敗談は？

P.N のZさん

台湾に行ってワクチン証明を忘れて帰国できず…。

初一人海外で、当時は国ごとにワクチン証明が必要だったり
日本→台湾は証明は必要なかったのですが、台湾→日本に帰国するときは、必要だったんですよね…。
日中に陰性証明を病院で発行すれば帰れるということだったので、病院の場所が書かれた紙をもらったのですが…

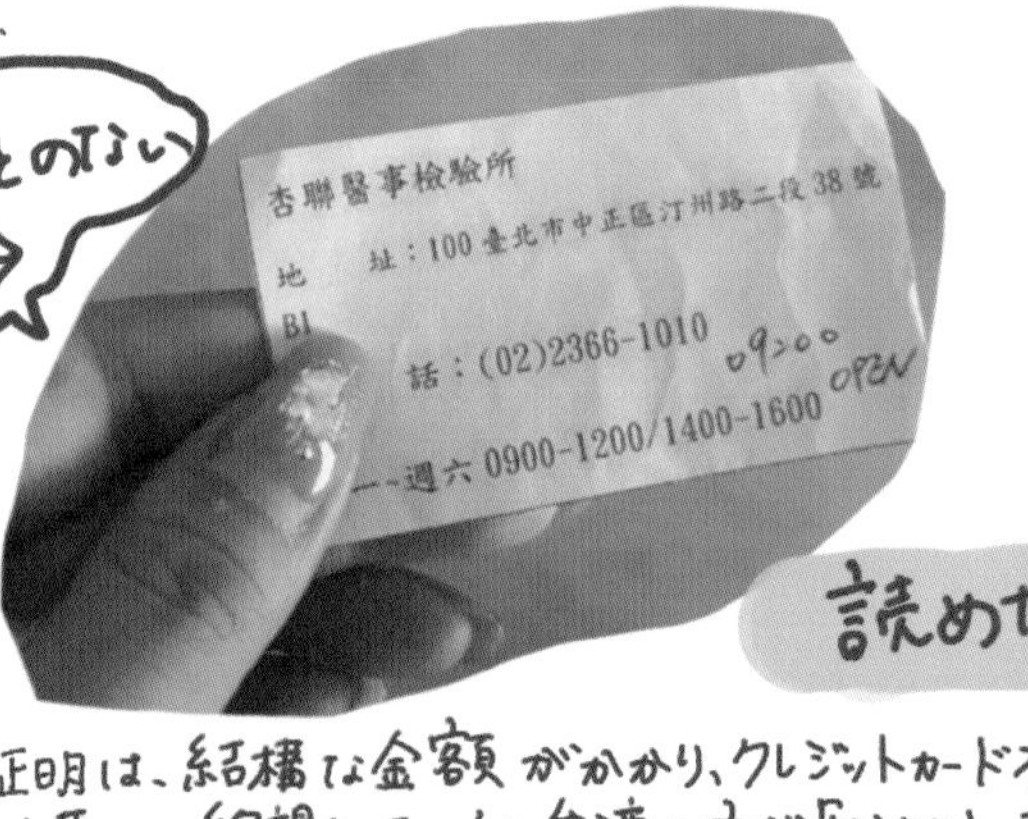
全く見たことのない漢字→
杏聯醫事検驗所
地　址：100臺北市中正區汀州路二段38號
話：(02)2366-1010
09:00
OPEN
週六 0900-1200/1400-1600
読めない……

杏…事…検…所…
なんとなく意味は分かるが…
…

しかも、陰性証明は、結構な金額がかかり、クレジットカード不可…。
「もう、おわった…」と駅で絶望をしていると、台湾の方が「ドウシタノ〜？」と声をかけてくださって、病院まで一緒に電車で行ってあげるよー、と。現金も足りない事を話すと、立て替えるよと言ってくださって。無事病院に着きました。その病院で同じ羽田の便で帰る方がいて、何から何までお世話になりました。もう安心やら何やらで大号泣…。
あの時助けてくださった方々、本当にありがとうございました!!

**今となれば美談ですが、準備と確認は何回もするべきと学んだ。**

TRIP 03 HIROSHIMA

# 広島

## ホテルインターゲート広島

ご予約はこちらから

# インターゲートといえば！充実のラウンジサービス

広島は中国地方で一番大きい都市であり、牡蠣の生産量が日本一！　そんな魅力溢れる広島のおすすめホテルを紹介します！　広島駅から広島電鉄線で約9分の八丁堀駅で降り、そこから徒歩5分の『ホテルインターゲート広島』です！

　八丁堀駅は広島市内で有名なご飯屋さんが揃っているので、広島に来てグルメを楽しみたい方は広島駅周辺より、広島電鉄線の八丁堀駅付近のビジネスホテルの方がおすすめです。

インターゲートホテルズでは以前、東京、大阪と2カ所に宿泊をしましたが、なんといっても宿泊者全員が使用できるラウンジが豪華！

ホテルインターゲート広島ではティーサービスの時間に広島ならではのレモン風味のお菓子が提供されます。私は2023年1月ごろに宿泊したのですが、その日のハッピーアワーの時間帯では、スパークリングを含む、赤白ワイン、オリジナルカクテルが飲み放題で振る舞われていました。ラウンジは日中利用可能のため、お酒を楽しむカップルやひとり時間をゆったり過ごすビジネスマン、旅程を話し合っている家族など、客層はさまざまでした。

ラウンジでは夜食としてお茶漬けバイキングが用意されています。鮭フレークや明太子、生七味(青唐辛子としその葉を和えたもの)など、トッピングの数が豊富！隣の席のマダムたちは3杯もおかわりをしていました。何杯食べるかは常識の範囲内で(笑)。

Morning

朝食

＼ 三島食品のゆかり、ふりかけが勢ぞろい！ ／

# 朝食ビュッフェ

ホテルインターゲート広島の朝食は『焼きたてパンとごちそう野菜の朝ごはん』がコンセプト。地元の野菜がふんだんに使われた色とりどりの料理が50種類以上も並んでいます。メニュー内容にもこだわっており、季節のメニューもたくさん！ 朝から健康的でおしゃれな食事ができるので大人の胃にも優しい。

　そしてこちらの朝食ビュッフェはホテルで焼き上げたサクサクのパンがイチオシ！ 普段はご飯派の私ですが、インターゲートホテルズのパンは全種類食べるくらい大好きなんです…！ 特にクロワッサンは逸品です。バターの風味がたまりません。

# 中ちゃん 元祖 うにクレソン

広島のB級グルメ「ウニクレソン」このようなお店が広島には沢山ありますが「中ちゃん」が「元祖」とのこと!!!

クレソンが無いときはホウレン草を代用することもあるとか!!

この日はクレソンがあってラッキー☆クレソンの苦みとウニのうま味、濃厚バターがベストマッチ!!

ちなみに注文はハーフサイズから可（イラストは一人前）

※予約は2名からの受け付けのため、ひとりの場合は早い時間に行くべし!!

# 広島の方言を使ってみよう

ケガをして泣きそうなとき

すいばり刺さったけぇ、
ぶち痛い…

訳：とげが刺さったので
すごく痛い～

ケガをして会社をやすむとき

今日会社出勤するのたいぎぃし、
膝にあおじと、目いぼが
出来たけぇ、
会社休みます。
足↓

訳：今日出勤するの
めんどいし、
膝に青タンと、
ものもらいが
できたので
会社休みます。

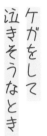

HIROSHIMA TRIP
宮島のシカは凶暴な奈良シカと違っておだやかです(笑)
広島と言えば…やっぱりコレ!! プリプリ♪
新鮮な白子
見るのはかなり辛かったですが、見なきゃいけないもの、忘れちゃいけないこと……色々と考えさせられました。
広島のお好み焼きはしっかり焼くイメージ?! ネギがたっぷりでシャキシャキ感もあっておいし〜!!♡
アツアツです

ぴや子によるぴや子のための自己満ページ

# ぴやコラム

## ちょっとした楽しみ

「ぴやコラム」、特に誰かに企画を提案され
たわけではなく、何となーく、旅とはちょっと別の
ことを書いてみたくなるかなーと思ったので、
自己満ページとして、「こんなページ作っていいですか？」と聞いたら
二つ返事で、「いいよーん」と言ってもらえたので作ったページです。
でも、案外、自分の考えを言語化してみると、思ったより何も出てこない。

いや、でも逆に言語化できる気持ちや悩みって少なくなって
きた気がします。
前は成績が上がらないとか、こう言われて傷付いただとか、
友達と喧嘩したとか、親がめんどくさいだとか…、
これに悩んでいるというのがあった気がするのですが、最近
は漠然と悩んでいる気がします。
これを書いている今も、外にでっかい月が出ていて、なんか落ちてき
そうだな…。いや、いっそのこと落ちてきたら、明日仕事に行かな
いで済むのかな…。でも今日月が落ちてきたら、明日配信予定の
マンガの続きが読めなくなるな～…。
とりあえず、隕石が落ちてくるのは今じゃなくてもいいか…。
など、本気で考えたりもします。
書き出すと本当にくだらない。
でも思い返すと、そんなくり返しで、いつの間にか、なんとかなって
います。
かの有名な哲学者アランも「いつだって悲観は気分、楽観は意志」
という言葉を残しています。
この言葉をどう受け取るかは、その人それぞれでありこれが正解だとか、
いいのか悪いのか分かりませんが、とりあえず、明日のマンガの配信
を楽しみに頑張ろうと思います。
まとまりませんが、このページのぴやコラムは終わりとします。（完（!?））

TRIP 04 ISHIKAWA

# 石川

## 天然温泉 加賀の宝泉

## 御宿 野乃金沢

ご予約はこちらから

# 女性満足度1位！
# 落ち着く和風な空間でリラックス

金沢は東京駅から新幹線で2時間半。アート・グルメ巡りの大定番の街！　現代アートを体験できる『金沢21世紀美術館』、町屋の風景が広がる「茶屋街」、〝金沢の台所〟と言われる「近江町市場」などがあります。

今回宿泊したのは『天然温泉 加賀の宝泉 御宿 野乃金沢』。「近江町市場」から徒歩2～3分とかなり観光に便利な立地です。

ホテルといえばフローリングが一般的ですが、『御宿 野乃金沢』は全館畳敷き。入口で靴を脱いで館内に入ります。フロントや共有スペースには金沢ならではの和な装飾が。

ビジネスホテルでありながら温泉旅館のような内装に癒されます。

大浴場は深夜も早朝も運営しているので、好きな時に好きなだけ入ることができます！　そしてドライヤーはリファ、ダイソン、パナソニックなど普段手の届かない高級な品が勢ぞろい。いつもは面倒な髪を乾かす時間も癒しのひとときです。夜のアイスや翌朝の乳酸飲料のサービスもとても嬉しい。どこでも買えるようなものなのにホテルでいただくとどうしてこんなに美味しく特別感があるのでしょう。

※サウナは深夜１時～５時は利用停止

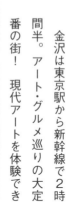

Morning

朝食

海鮮だらけの

# 朝食ビュッフェ！

『野乃金沢』のご当地朝食は海鮮丼と天ぷら。海鮮丼はいか、甘海老、いくら、漬けまぐろなどを好きなだけよそい、赤酢の酢飯の上に乗せていくスタイル（赤酢飯と白米のどちらかを選べます）。そして何度おかわりしてもOK。金沢の海鮮は都内よりもいくらの大きさが一回り違う。そしてどの海鮮も身がぷりぷりなんです。

　もちろん天ぷらも美味しい！　ライブキッチンで作った揚げたてなのでいつ食べてもサクサクです。訪問時は他にも能登牛コロッケや

つみれ汁も用意されていました。

　今では、地方の弾丸旅行でドーミーイン系列に宿泊するときは必ずご当地朝食をチェックし、そこにあるメニューを除いてグルメを楽しんでいます。グルメ重視の旅行だからこそ、効率よくいろんなご当地グルメを食べたい…。そんな私にとって本当にありがたい！　ビジネスで訪れて観光する時間がなくても、ドーミーイン系列に宿泊すれば、必ずその場所ならではの食を体感することができます。朝から大量に食べるのは私くらいだろうと思い周りを見渡すと、どの人ももりもりと食べていました。みんなこの美味しい朝食をお目当ての一つに来ているのかもしれませんね。

# 近江町市場でちょっと贅沢

海鮮グルメを楽しみたいなら近江町市場が間違いない！　人気スポットのため、遅い時間に行くとお目当ての海鮮が品切れ！　なんてことも多いので早めの時間に行くのがオススメです。全体的に価格はすこしお高めですが、ここは奮発して好きなものを食べて旅への士気を上げていきます。

彩り豊かな海鮮丼、その場で剥いてもらえる生牡蠣、炙りのどぐろ…どれも絶品です。歩いているだけでも楽しいですが、どのお店を選んでも間違いない美味しさを楽しめ、価格帯も近いので、直感で選ぶのも良し。

海鮮丼のお店は混雑しやすいため、お目当てのものがあったら事前に予約をするとスムーズです。

＼ レベルが高すぎる！ ／

## 肉厚のネタが売り

# もりもり寿し

『もりもり寿し』は名前の通り、厚くカットされた海鮮がどっさり乗ったお寿司が食べられる回転寿司のお店。回転寿司のイメージを超えるネタの美味しさにびっくりすると思います！　大トロ、うに、うなぎ…「好きなネタを好きなだけ食べる」のは私が大人になってからしてみたかったことの一つ。タッチパネルで注文ができるので、周りの目を気にせずカジュアルに食べられるのも嬉しいポイント。「うに４皿お願いします～」とか言うのはなんだか恥ずかしい(笑)。『こいつめっちゃプリン体好きじゃん』って思われたら嫌だな」とか考えてしまったり。ここでは安心して美味しい海鮮にありつけます。店内も清潔感があり入りやすい雰囲気なのもグッド。

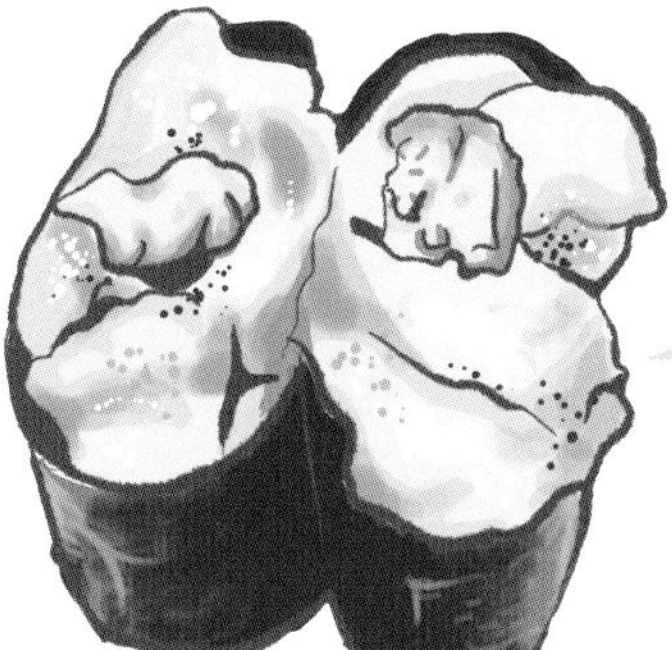

### うに

おもわず４貫も注文
しちゃいました(笑)。

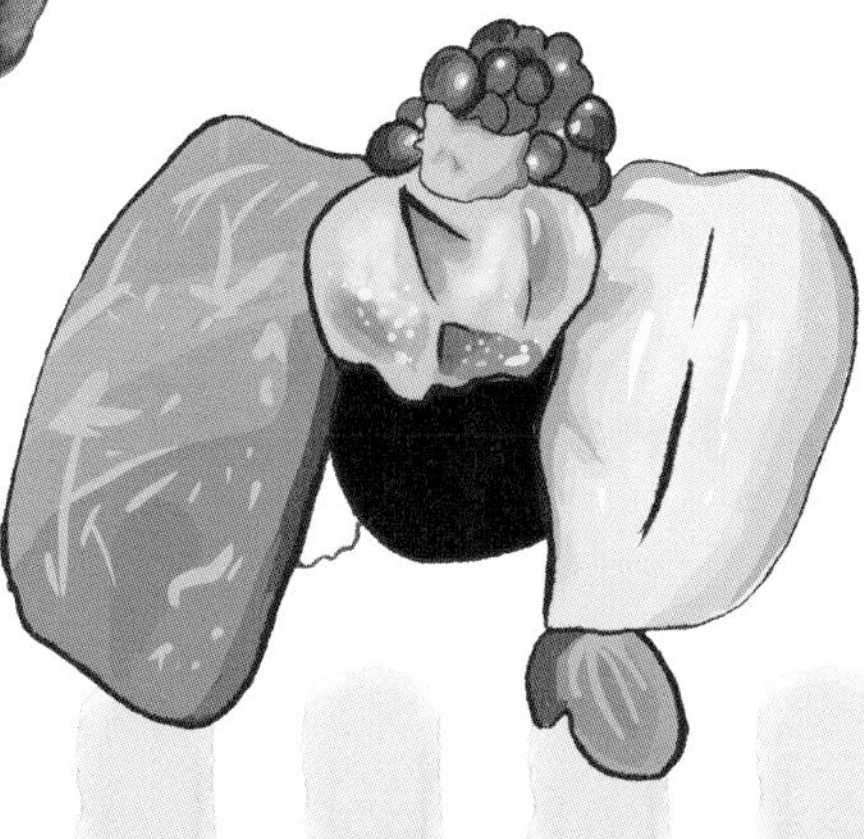

### ３貫盛り

どのネタもプリプリで
たまらない！

# ひがし茶屋街で和を楽しむ

金沢を代表する茶屋街で最も有名なひがし茶屋街へ。近江町市場からバスで向かうこともできますが、初めて乗るバスは乗り間違い・降り間違いはつきもの。天気が良い日は散歩がてら歩くのもいいかもしれません。着物をレンタルして、風情ある街並みを背景に写真を撮るなど、徒歩でも楽しみ方はたくさんあります！　私の旅行テーマは〝食べ飲み爆食グルメツアー〟だったので、レンタル着物はしなかった（帯で締め付けられると意外とごはんが食べられない涙）のですが、素敵な着物を着た観光客を街中で何人も見かけました。

可愛い雑貨屋やお土産処も出店しているので、お買い物も楽しい。喫茶店などの一息つく場所も多くあります。

ひがし茶屋街をじっくりと楽しみたい方は、ボランティアガイドの『まいどさん』に話を聞いてみるのもあり。丁寧に茶屋街の案内・解説をしてくれますよ！

予約必須！

## 思い出の味をもう一度…

以前金沢へ旅行した際にこのお店ののどぐろを食べて、その美味しさに感動！　あの日の味を求めてやってきました。『いたる 香林坊店』までは『天然温泉　加賀の宝泉　御宿　野乃金沢』から徒歩10分程度。系列店に『のど黒めし本舗 いたる』もあり、そちらも素敵なお店です。

店内の雰囲気は生粋の居酒屋といったところ。開店時間の17時に入店し、周りの席はあっという間に満席に。かなりの人気店なので早めの予約をオススメします！　『いたる』はお造りも一人前から注文でき、カウンター席もあるのでひとりでも安心。私が伺った時は、女性ひとりのお客さんも何人かいらっしゃいました！

絶対に頼んでもらいたいのは、丸々１匹焼いたのどぐろです！　初めて食べた時、「こんなに脂が乗っているお魚ってあるの!?」と驚きました。他のメニューもハズレがないので、ぜひ気になったものがあったら、直感で注文してみてください！

# KANAZAWA TRIP

金箔アイス

意外と歯に
付きません

//友人に写真を借りました♥//
着物を着るのもステキですね!

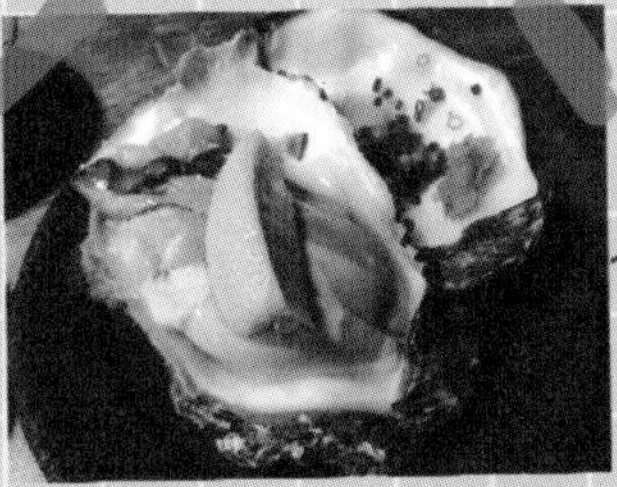

拳サイズの
大きな生ガキ

でっかい〜!!

//1個
2000円!?//

とても縁がきれい

金沢といえばココ!?
とてもいい天気!!
金沢 station

いたるの釜飯

のどぐろは本当に美味かったです!

ぴや子によるぴや子のための自己満ページ

# ぴやコラム

## 旅のお供にスプラトゥーン3

私はホテルに泊まる際は必ずといっていい位、
任天堂Switchを持って行いきます。
今までゲームはほぼしたことがなく、人生で初めてのバトル
ゲームと言っても過言ではありません。
「スプラトゥーン3」は4vs4で塗り面積を競うゲームということは知っていましたが、
いざ始めてみたら、オンライン対戦ということに驚き
てっきり友人を誘う以外はコンピューター相手と競うものだと思っていたので
今、この瞬間、初対面の人とネットで繋がって敵・味方が決まり対戦するなんて…。めちゃ怖い。

しかもスプラトゥーンには、ジャイロ機能というものがありまして、
これがまあ大変。
コントローラーを動かすと画面も一緒に動くので、視点を合わせないといけません。これが上達しないと、塗りたいとこに塗らなければ、相手を倒すことも出来ません。

でもすごいんですよね。最近のゲームというかネット通信というものは。顔も年齢も住んでいる所も違う人たちと、ひとつのゲームをクリアしていく…。一瞬で仲間が増え、何戦かすると、もう遥か昔から一緒に戦ってきた戦友のような錯覚をしますから。

ゲームがこんなに楽しいなんて思いもしませんでした。
日々勉強、日々発見、毎日とても楽しいです。
ありがとうスプラトゥーン3、
ありがとう任天堂。
全ての出会いに感謝。

「ビジホでも、無線LANで繋がる
サーモンラン」

ついでにぴや子の持ちブキは「もみじシューター」だゾ！（2023年11月現在）

TRIP 05 NIIGATA

# 新潟

## アートホテル新潟駅前

ご予約はこちらから

いざ！今日の城へ

to HOTEL

# 新潟アートホテルの行き方

駅に着いて、新幹線を下りたら新幹線改札口に出てネ!!

1

2

南口広場方面へ
右にいくよー

3

もうちょっとで
ホテル着くぞー

4

5

アートホテル
に到着！

# 1番におすすめされたのが、「アートホテル」でした

この本のお話が出た時に「私が都内在住なので都内のホテルを多くYouTubeに載せていますが、本には都内以外の地域のホテルも載せたいです！」と担当の編集者さんに伝えたところ、一番におすすめされたのが『アートホテル新潟駅前』でした。東京から新幹線（とき）に乗って2時間。新潟駅から直結。非常に好立地のビジネスホテルです。アメニティはロビーで必要なものを選ぶスタイル。アートホテルの長所はなんといってもごはんが豪華なところ！ 新潟でとれた美味しい食材を使ったメニューが楽しめます（詳しくは次のページをご覧ください）。部屋食とレストランで場所を選べるのもありがたい。また、日本酒も飲み比べができるので、気に入ったものをお土産として買うのもいいですね。今まで色々な場所でビジホ飲みをしてきましたが、その土地の美味しいものをその土地でいただいて、地酒でほろ酔いになった瞬間ベッドにダイブ。このまま寝るのも良し、お風呂に浸かるのも良し。移動距離数歩ですべて完結できてしまう。これこそ最高のビジホ飲みなんじゃないか!? と確信しました。

少し移動するだけで
こんな違った景色が味わえる

新潟

Dinner
夕食

# アートホテルの夕食

海の幸・山の幸盛りだくさん！

　この日は天候が悪く雪も降っていたため、お弁当をお部屋で食べられる夕食付きのプラン『越後のごっつぉ地酒付きプラン』にしました。お弁当は、お部屋までスタッフさんが運んでくれます。牛ステーキ・煮物・お魚・チキン・焼売・イカ焼きなどさまざまなおかずが入っていて、どれも美味しい！　日本酒飲み比べもセットになっているので利き酒をしながら美味しいお料理をいただきました。

　アートホテルでは施設内レストラン「彩巴（いろは）」で、新潟ブランド米「魚沼産コシヒカリ」や郷土料理・地元の旬の食材を使ったお料理・豊富な地酒など、米どころ新潟の「食」を楽しめるので、レストランで夕食をいただくのもいいですね。おひとりさまが気軽に晩酌ができる「のんべもん」もあるとのことなのでとても気になります！

都内だったら即売り切れの某コンビニくじを発見し、大量に引いてしまいました…。地方へ行くと財布のひもがゆるくなるので、くれぐれも注意してください…。
行き場のない大量のアニメグッズたち

# 晩酌 in 新潟

新潟

## 麒麟山

麒麟山酒造の原点にして代表銘柄！　キレの良い辛口の日本酒ですが、深い甘さもあり、辛口の日本酒が好きな方におすすめです。

## 真野鶴

普段日本酒を飲まない方にも人気です！　フルーティーでりんごのような飲み口が特徴です。そのためよく冷やすと香りが閉じてしまうため、軽く冷やして夕食の前菜に合わせるのがいいんだとか♪

## 越後杜氏

越後平野で採れる良質な酒米を使用している日本酒で、料理の味を邪魔せず引き立ててくれるので、食中酒に最適です。冷や酒〜熱燗でスイスイと飲めてしまいます！

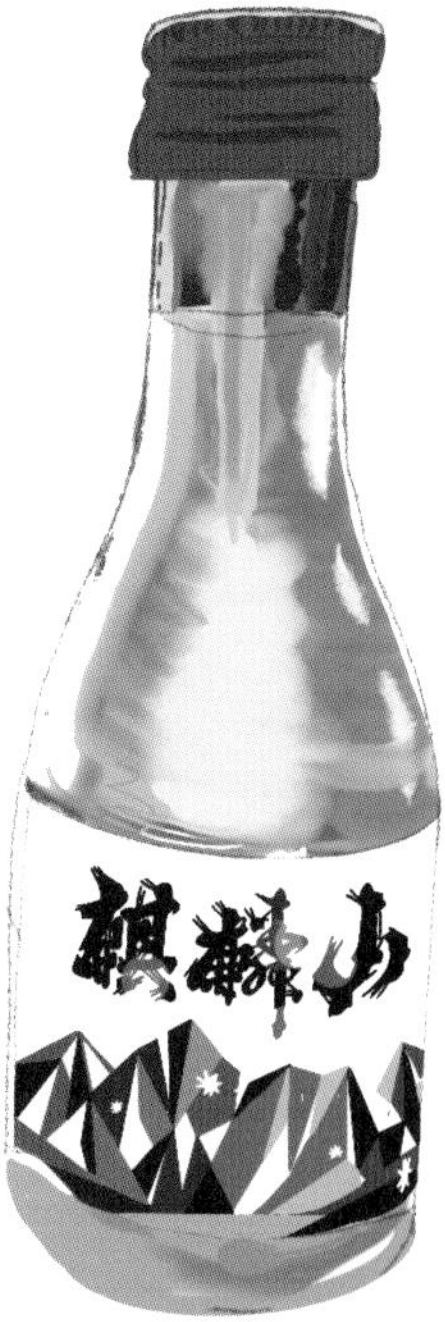


ぴや子好み度

★★★★☆

ぴや子好み度

★★★☆☆

ぴや子好み度

★★★★★

Morning

朝食

## たれかつ丼

新潟名物のたれかつ丼。カツとタレが別々に置いてあるため、セルフでカツをタレにくぐらせて完成させます。そのため、カツのサクサク感もキープしながらいただけるのが嬉しい！　贅沢に２個乗せしました！

## ヤスダヨーグルト

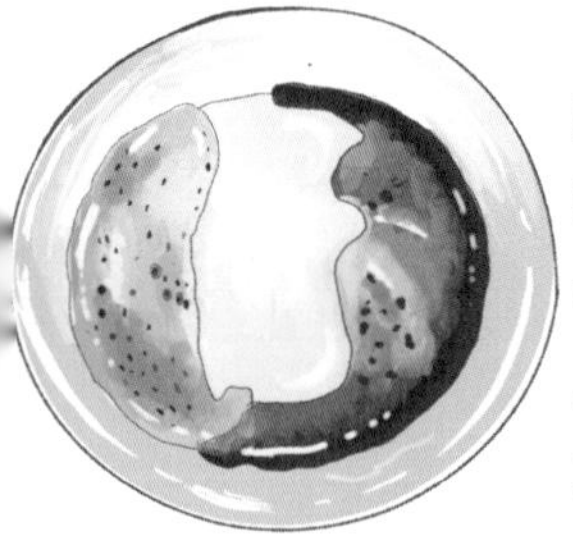

ヤスダヨーグルトは新潟県酪農発祥の地、安田町（現阿賀野市）で作られた新鮮な生乳にこだわったヨーグルトです。甘酸っぱいソースと相性がピッタリです！

## イタリアン

新潟ご当地グルメであるイタリアン。アートホテルでは『みかづき』というローカルチェーンのものを提供しています。自家製太麺にキャベツともやしを炒め、粉チーズで味付け。白生姜が添えてあるので最初はそのビジュアルにびっくりします。うどんのような太さ・食感の麺にトマトソースをかけた、なかなか珍しい味。ぜひご賞味あれ。

お待ちかねの朝食！　新潟に美味しいものがたくさんあるのは知っていましたが、２種類のお米の食べ比べなど、朝食の８割は新潟のご当地グルメ。正直「こんなにあるの!?」と笑ってしまいます。客層はスーツを着たサラリーマンが８割。「これから商談に行くのかな？」と思いながら朝食を頬張ります。サラリーマンの方々はビジネスのために来ているので、新潟を旅行として満喫するどころではないはずですが、ここの朝食を食べたら嫌なことを少しだけ忘れられる時間になったり、これから仕事を頑張る活力になりそうだな…！　と思える朝食でした。

# NIIGATA TRIP

ホテルに樽酒がありました！

駅からすぐにある「ぽんしゅ館」500円払うとコインが5枚もらえます!!

おちょこのサイズ感がとっても可愛い！

飲み比べが楽しい!!

＼日本酒角打ちBar／

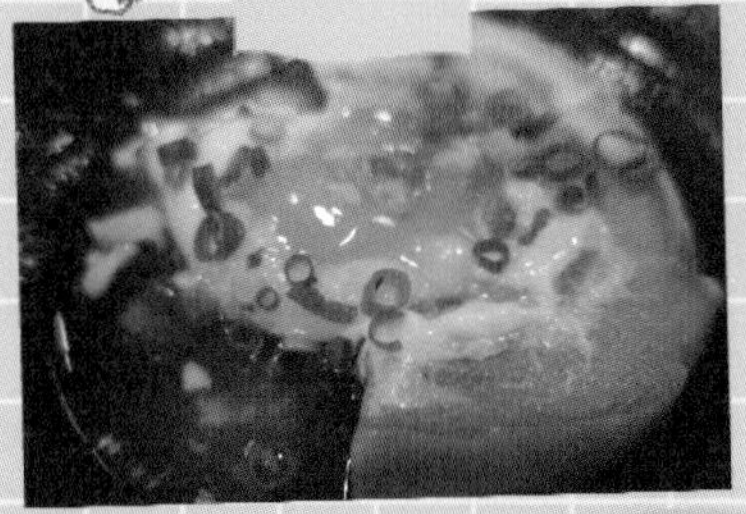

車麩の中にはとろーりたまご…♡

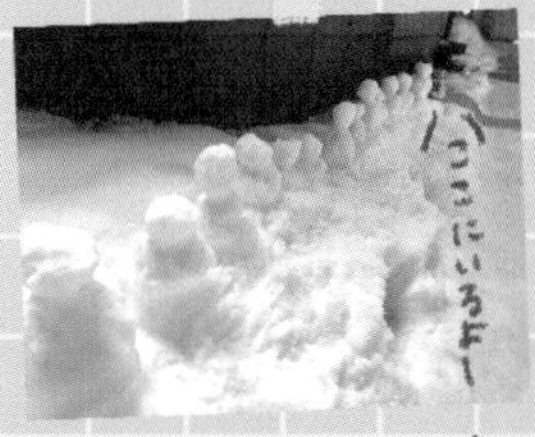

有名なバスターミナルのカレーも食べました。最初はあまり辛くないと思いましたが、食べすすめると、思った以上に辛い!!

雪だるまも作りました。

駅からちょっと歩きます

新潟

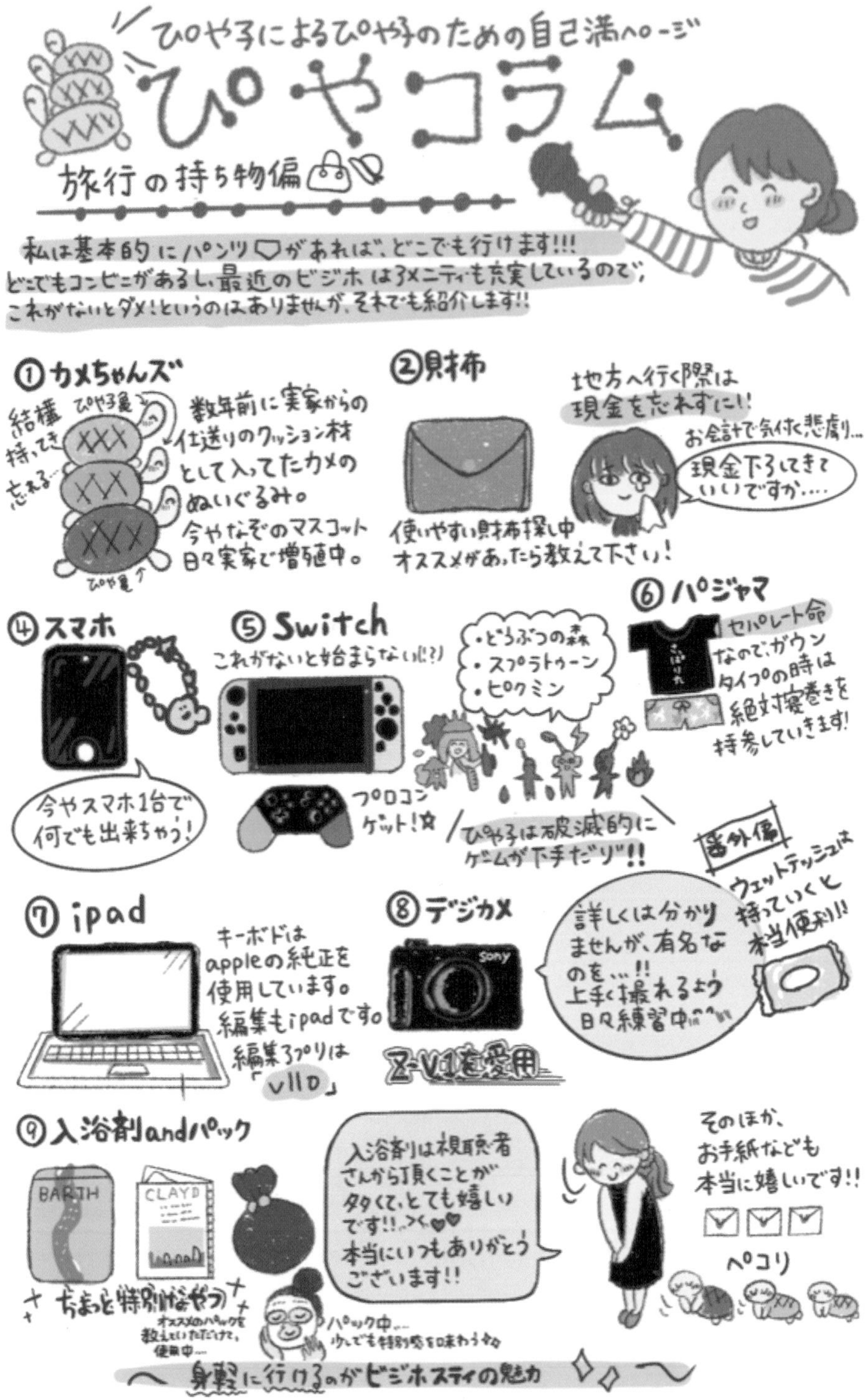

ぴや子によるぴや子のための自己満ページ
ぴやコラム
旅行の持ち物編
私は基本的にパンツ♡があれば、どこでも行けます!!!
どこでもコンビニがあるし、最近のビジホはアメニティも充実しているので、
これがないとダメ!というのはありませんが、それでも紹介します!!
①カメちゃんズ
結構持ってき忘れる…
ぴや子亀
ぴや亀
数年前に実家からの仕送りのクッション材として入ってたカメのぬいぐるみ。
今やなぞのマスコット
日々実家で増殖中。
②財布
使いやすい財布探し中
オススメがあったら教えて下さい!
地方へ行く際は現金を忘れずに!!
お会計で気付く悲劇…
現金下ろしてきていいですか….
④スマホ
今やスマホ1台で何でも出来ちゃう!
⑤Switch
これがないと始まらない!(?)
・どうぶつの森
・スプラトゥーン
・ピクミン
プロコンゲット!☆
ぴや子は破滅的にゲームが下手だゾ!!
⑥パジャマ
セパレート命
なのでガウンタイプの時は絶対寝巻きを持参していきます!
番外編
ウェットテッシュは持っていくと本当便利!!
⑦ipad
キーボードはappleの純正を使用しています。
編集もipadです。
編集アプリは「vllo」
⑧デジカメ
SONY
詳しくは分かりませんが、有名なのを…!!
上手く撮れるよう日々練習中
Z-V1を愛用
⑨入浴剤andパック
BARTH
CLAYD
ちょっと特別なやつ
オススメのパックを教えていただけて、使用中…
パック中…
少しでも特別感を味わう
入浴剤は視聴者さんから頂くことが多くて、とても嬉しいです!!
本当にいつもありがとうございます!!
そのほか、お手紙なども本当に嬉しいです!!
ペコリ
身軽に行けるのがビジホステイの魅力

TRIP 06

TOCHIGI

# 栃木

## チサン ホテル 宇都宮

ご予約はこちらから

# レモン牛乳が飲み放題！朝食が自慢のホテル

宇都宮は旅行をするなら日帰りというイメージがありますが、泊まりがけでも十分満喫できちゃうんです！　今回はグルメ巡り、宇都宮動物園を中心に紹介していきますが、『ろまんちっく村』や『元気あっぷむら』…ちょっとにやにやしてしまうような名前のレジャー施設もいっぱいです（笑）。宇都宮出身の友人曰く「おもしろネーミングこそが宇都宮のいいところ」だそう。

宿泊したのは『チサン　ホテル宇都宮』。こちらのホテルは何といっても朝食の豪華さ。宇都宮名物の餃子はもちろん、囲炉裏で焼く干物を食べることができます。軽く炙って食べるサバ、鮭、鯵は絶品です！　そして栃木県民のソウルドリンク・レモン牛乳も飲み放題‼　かわいい黄色の牛乳パックが目印です。

こんな豪華な朝食を提供してくれるお宿があるなんて。何度も宇都宮に足を運んでいる私ですが、初知りでした。まだまだ知らない素敵なビジネスホテルがたくさんあるんだなぁと探究心をくすぐる旅となりました。

宇都宮にはたくさん
魚料理があるんだよね？
と友人に聞いてみると
「栃木県民は海がだぁいすき」
だそうです。

ドラマで大注目！

# 宇都宮動物園

やってきたのは宇都宮動物園。大好きなドラマ『ソロ活女子のススメ』で紹介されていたのに影響されています(笑)。「宇都宮　観光スポット」と検索すると一番に出てくるほど有名なんだそう。

JR宇都宮駅からバスで30分ほどで到着しました。

子供の頃にタイムスリップしてしまうような楽しさがありました！　ゾウやキリンの餌やり体験をしましたが、超楽しい!!　夫婦やカップル、親子連れの中に紛れ込んで楽しませていただきました(笑)。動物園には併設して子供用の遊園地もあり、だいぶん年季の入ったレトロな雰囲気です。

私は終始、こちらの動物園になつかしさを感じていましたが、遊んでいた子供達はこの素敵な動物園を、どんなふうに見ていたのでしょうか…。

栃木

＼ 宇都宮といえば… ／

# 餃子 食べくらべ

## 青源

宇都宮に行って真っ先に食べてほしいのが、駅ビル内にある『青源』のランチ定食です！

通常の焼き餃子もあるのですが、こちらの名物はたっぷりネギとみそだれのかかった「ネギ味噌餃子」。ご飯にも合う！ ビールにも合う!! 酒飲みにはたまらないメニューです。通常の焼き餃子もとても美味しいので、両方食べることのできる「青源セット」をオススメします！ そして定食なので、大きいお椀のお味噌汁がついてきます。これも本当に嬉しい。

人気店なので、開店と同時に入ると余裕がありますよ！

青源のみそだれで食べる
ねぎたっぷり餃子
ビール泥棒!!
ふつうの餃子とWの定食もおすすめ
だけど、まずはこれ!!

# みんみん

　こちらは宇都宮で一番有名な餃子チェーンです。宇都宮市内にいくつも店舗があります。今回は焼き餃子と水餃子の定食を注文！　焼き餃子はすごく軽い！　パクパク食べられる。水餃子は温かく優しい味わいでした。つるんと食べられるおかげで心なしかヘルシーに感じます(笑)。

みんみんの餃子は
皮が薄めで、パクパク食べられる！
水餃子も必須！！つるっつる
おいしい！！

# 餃天堂

餃天堂の餃子は、
皮が厚くてモチモチ！！
マヨと七味で頂きます！！
朝一が狙い目!!



　そして同じく行ってほしいのが『餃天堂』です。私は駅前通りの店舗に伺ったのですが、現在は移転し、シンボルロードにお店を構えています。

　ここは店内がかなり狭く、朝から並びます。某口コミサイトではGW中は3時間待ちだったとか。私は夕飯よりも大分早い時間だったので30分程度の待ち時間で済みました。餃天堂の餃子は、餃子というより肉饅頭のイメージに近く、皮がもちもちで厚いです。そしてなんとマヨ七味でいただくのですが味はかなり新感覚!!　また、皮が厚いので私は1皿6個入りを注文してもかなりお腹いっぱいになります。

＼ みんな知ってる？ ／

# 宇都宮焼きそば

宇都宮新!? 名物
宇都宮やきそば!!
もちもち濃い目、ビールがすすむ!!

最近宇都宮では〝宇都宮焼きそば〟なるものを推しているそう。私はハムと目玉焼きが乗ってるミックスを注文。『鈴や』の宇都宮焼きそばは麺が太めでもちもち。自分が思っている焼きそばより色が濃いような気がします。目玉焼きを絡めながらちょっと濃いめの焼きそばはお酒が進む！

ハムも厚切りでお酒が進みます。宇都宮焼きそばは酒飲みのための焼きそばだと知ることができました(笑)。

生
BEER

# UTSUNOMIYA TRIP

ペンギンじゃない??
栃木県のイメージキャラクター
「ルリちゃん」
おまわりさんの帽子をかぶっているよ!!!

"パシャリ"

誰もいない…っ!

夜の宇都宮

それは言わないお約束　栃木といえば"!のコレ

顔はめパネル

餃子像

みんな私の写真を撮るのよ…

ぴや子もやりたかったぞ

宇都宮動物園

カメズ(餃子ver)

栃木

ぴや子によるぴや子のための自己満ページ

# ぴやコラム

## 餃子だけじゃないゾ宇都宮!!

本編では書けなかったのですが、
宇都宮＝餃子のイメージが強かったのですが、
実はカクテルの街でも有名なのです!
その中でも老舗と言われている「夢酒OGAWA パイプのけむり」に行ってきました!!
宇都宮駅からはバスで東武宇都宮駅方面に向かいます。
入口には「二流の上」の店舗という貼り出しが。
しかし、マスターのムッシュさんの作るお酒は、どれも絶品。そして綺麗。私が動画を撮っていたら「つい写真を撮りたくなっちゃうお酒を作るね!!」と言って作っていただいたのが、「オーロラ・オブ・ゴールド」きらきらした金箔入りのお酒です。

マスターのムッシュさんの人柄、
お店の雰囲気、ライティング、
どれも本当に素敵でした。

餃子とのギャップがすごいですが、まさか宇都宮でこんなに非日常を味わえるとは思わず、スキップで宇都宮駅に帰りました。
(歩くと結構距離があります。)

TRIP 07 MIYAGI

# 宮城

## 天然温泉 杜都の湯
## 御宿 野乃仙台

ご予約はこちらから

野乃verはちょっと和風な部屋着
そして基本は素足

金沢に続き、御宿 野乃第2弾は仙台に2022年にニューオープンした、『天然温泉 杜都の湯 御宿 野乃仙台』です！ 生粋のドミニスタである担当編集者さんもオープン当時は「空室がなくて予約が取れなかったです〜（涙）」と嘆くほどの人気だったそう。

そして少し混雑が落ち着いた現在、半年ぶり二度目の仙台にやってきました。前回は仙台〜松島ひとり旅で訪れ、今回は親族の集まりで松島を訪れ、私だけちゃっかり一泊仙台の御宿 野乃に泊まってしまいました！ ドーミーインと御宿 野乃の違いは？ とよく聞かれます。御宿 野乃について、公式ホームページでは『和風テイストドーミーイン。「日本をもっと！」がキーワード。靴を脱いでくつろぐ「畳」文化をはじめ、海外の方だけではなく都市部で日本文化の素晴らしさを体感していただける和風コンセプト』と紹介されています。仙台の御宿 野乃のエントランスには茶釜まで用意されており、より「和」の雰囲気が楽しめるのでインバウンドのお客さんにも喜ばれそうです。

御宿 野乃は全館フロアに畳が敷き詰められています。私の実家にはまだ畳がありますが、最近畳の上を歩くことが少なくなってきたと感じます。畳の上を素足で歩くと、懐かしさと新鮮さで落ち着くんですよね…。従来の〝ザ・ビジネスホテル〟なドーミーインも大好きですが、御宿 野乃もまた違った楽しみ方ができて大好きです！

**一つ注意点を挙げると、入口で靴を脱いで鍵付きのロッカーに靴を収納する際、鍵をなくさないように気をつけてください！ 私は2回なくしそうになりました。**

楽しみにしていたのは18時～21時までの、ラウンジサービス！　ビール、ハイボール、白ワイン、赤ワイン、レモンサワー、その他ソフトドリンクが用意されています（※ぴや子宿泊当時。最新情報は公式サイトでご確認ください）。

他の宿泊者の方々は仙台のご当地グルメを街中でテイクアウトしたものといっしょに食べていました。お昼は好きなお店に行って、夜はテイクアウトとラウンジサービスでゆっくりして、21時半からの夜鳴きそばで〆るという楽しみ方も最高だな～と思いました！

　お風呂は内湯、露天風呂、サウナ、水風呂完備で100点満点のクオリティー！　お風呂付きのビジネスホテルは最近どんどん増えていますが、ドーミーインほど綺麗に清掃をしているところはなかなかないな～と思います。

　特に女性の場合、髪の毛を乾かすとすぐに髪の毛が散らばってしまうし…自分の汚したところは自分で片付けるという当たり前のことが、ドミニスタには染み付いているのかもしれません！　そうさせてくれるのも日々こまめに清掃をしてくださるスタッフさんたちのおかげなんでしょうね。

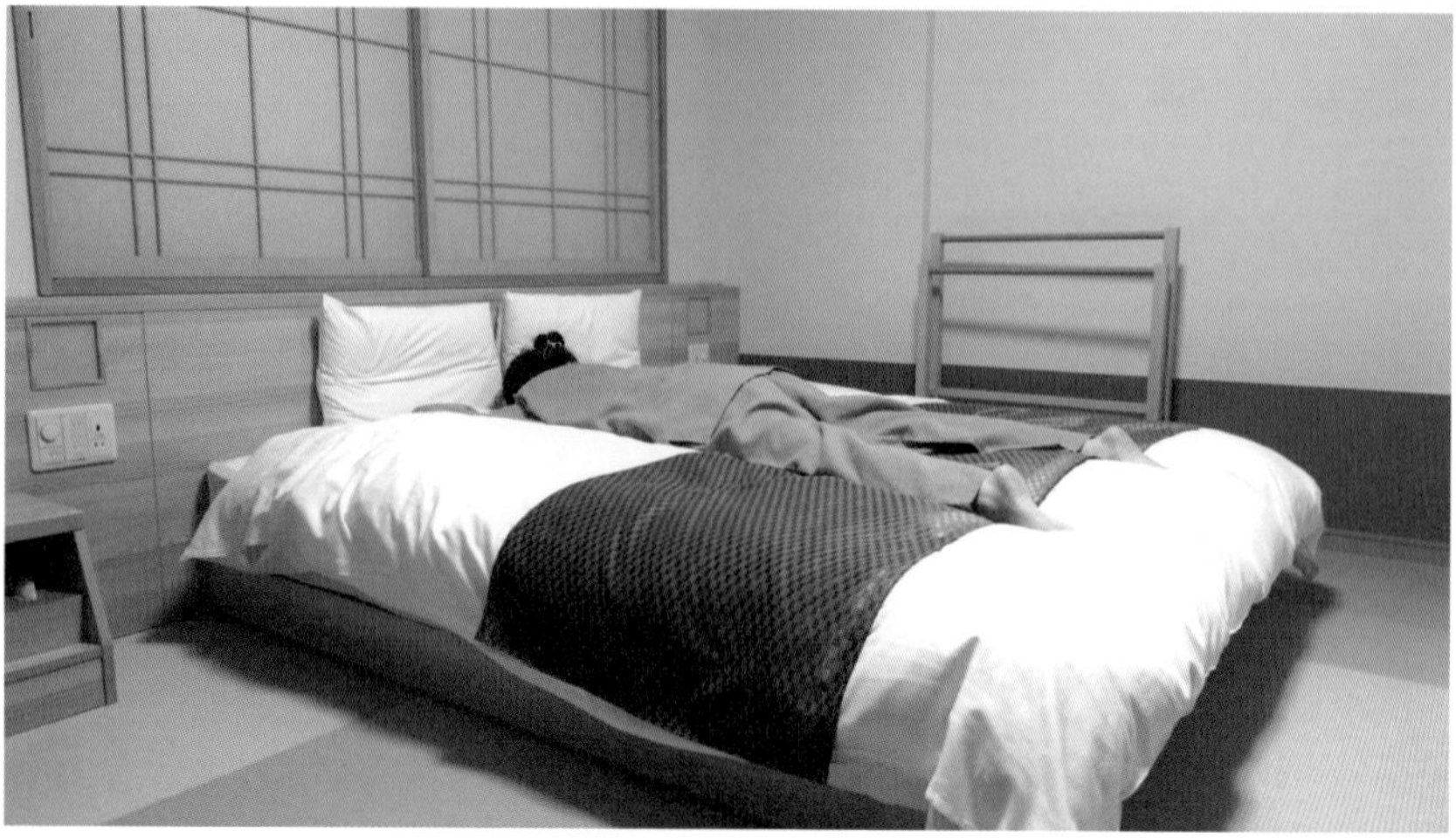

# ↑動画では恒例の「さっぱり丸」！

　お風呂上がりのアイスをいただいてさっぱり丸！　最近宿泊して気がついたのですが、最近はウェルカムフルーツがスイーツに代わっているようです！　フルーツも好きだけど、このゼリー、レモン味で果肉が入っていてお風呂上がりや口直しにピッタリなんです♪　美味しすぎて、この日はステイ中に食べなかったので持って帰って食べました(笑)。

旅する
SWEETS
by OASIS
瀬戸内レモンゼリー
スッパうまい
フルーツからゼリーになってました!!
とっても美味い〜♪♪

※時期によってスイーツの内容は異なります

Morning

朝食

＼約束されたおいしさ／

# 御宿 野乃仙台の朝食

もうみなさんがご存じのとおり、仙台ご当地グルメ朝食です！ 仙台のドーミーインは各所メイン料理を変えていますが、御宿 野乃仙台では「お好み海鮮丼（サーモン・いくら・ニシン・つぶ貝）」「白石温麺」「牡蠣の卵とじ」「ずんだ餅」が振る舞われます。海鮮丼は地方のドーミーイン朝食の方がより美味しく感じてしまいます。

ライブキッチンではお決まりの卵料理と、揚げたて天ぷらをいただきました。天ぷらは、海老・アナゴ・ささみのしそ巻き・スナップエンドウ・仙台せりでした。

熱々で食べる天ぷらはとにかく絶品。1回目は天つゆを付けて、2回目は天丼にして（ここでタレがあれば…笑）大満足！

＼ これを選べば正解！ ／

# 仙台絶品グルメ

## 司

仙台出身も地元に戻ったら必ず食べるという『司』の牛タン。薬味の種類が多く、この薬味だけでビールが進みます（笑）。タンは分厚く切ってありかつ柔らかい！　こちらのお店の牛タンを食べてからは、駅弁で牛タン弁当は食べなくなりました。

## イタガキフルーツカフェ

甘いものをそこまで食べないので、普段なかなかフルーツパーラーに行かない私も『イタガキフルーツカフェ』だけはメロメロになってしまいました。果物屋が経営しているため、揃っているフルーツは甘くて高級感があります。

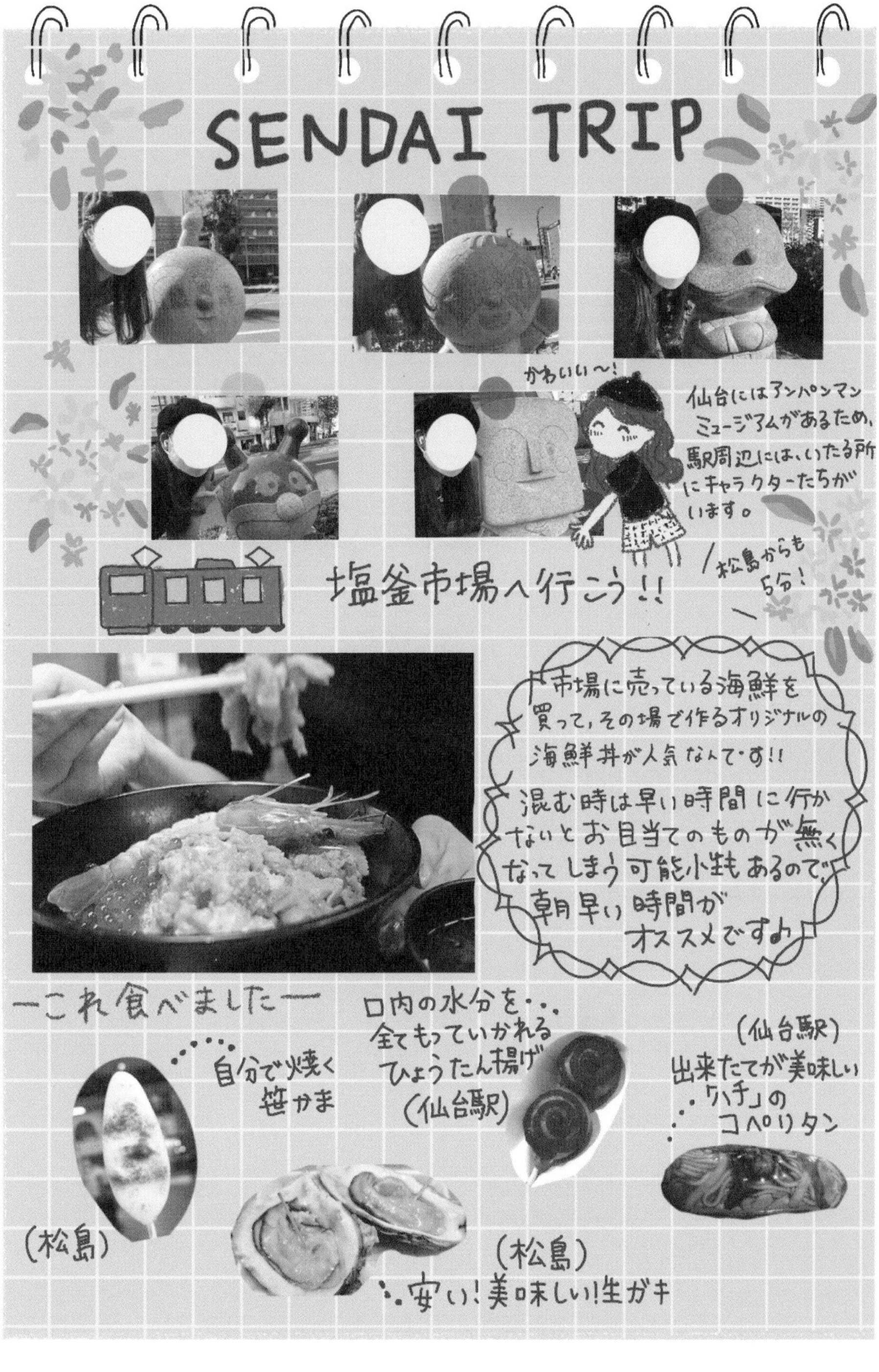
SENDAI TRIP
かわいい～！

仙台にはアンパンマンミュージアムがあるため、駅周辺には、いたる所にキャラクターたちがいます。

塩釜市場へ行こう!!

松島からも5分！

市場に売っている海鮮を買って、その場で作るオリジナルの海鮮丼が人気なんです!!

混む時は早い時間に行かないとお目当てのものが無くなってしまう可能性もあるので、朝早い時間がオススメです♪

―これ食べました―

自分で焼く笹かま
（松島）

口内の水分を…全てもっていかれるひょうたん揚げ
（仙台駅）

（仙台駅）

出来たてが美味しい「ハチ」のコペリタン
（松島）

安い！美味しい!生ガキ

宮城

ぴや子によるぴや子のための自己満ページ

# ぴやコラム

## 誰かと共有できるのも楽しい

一人旅にだいぶ慣れた頃、同僚が「宮古島に行こうよ!!」と誘ってくれました。
同僚たちとは出会ってそこそこ長いのですが、旅行は初めてでした。（酔っ払って私の家に朝方まで居るということは日常茶飯事ですが。）

同僚の中には宮古の達人がいて、2泊3日を惜しみなく満喫できるプランが立っていました。
こんな完璧なプランなのに「体調悪くなったら心配だな…」とか思いましたが、そんなことを忘れる位、楽しい旅行になりました。

自由で何にも縛られない一人旅も楽しいけど、大好きな人たちと行く旅行もすごく楽しかったです。
花火をやったり、寝転がって星をみたり、宮古の海をバックに何枚も写真を撮ったり…。

おひとりさまの楽しさを伝える本に「友だちと旅行して楽しかった～」を書くのも中途半端ですが、おひとり旅を経験して改めて、誰かと一緒も楽しいなあと思いました。
誰かと何かを共有できるのってすごく楽しいですよね。

年々ひとりで楽しめないといけない気がしていますが、そんなこともないですよね。

とはいえ、むかしと比べて、予定を合わせることが難しい…という問題はありますよね…。

女子旅のリアル
ひとりひとつのベッドがあるのに起きたらこれ
3人で寝てる
ぴや
全然起きないのに…
起きて3秒で
ガチゴーグル着用
ほら
海行くよ!!
寝起き3秒で水着に着替えるアラフォー同期（めっちゃ元気）

TRIP 08 KANAGAWA

# 神奈川

## アパホテル&リゾート〈横浜ベイタワー〉

ご予約はこちらから

# まるでリゾート！ラグジュアリーなアパホテル

桜木町駅を出ると目の前には高層ビルや大きな観覧車が立ち並び、その街中をロープウェイが走っています。日本でも有数の都会的な街かと思えば、少し歩くと日本屈指の栄えをみせた港町のその名残が今も残る赤レンガ倉庫、中華街などの歴史ある風情も残る街、横浜。そんな横浜の象徴とも言えるランドマークタワーの横に立つのが、今回紹介する『アパホテル&リゾート〈横浜ベイタワー〉』です！

アパホテルといえば〝ビジネスホテルの代表格〟というイメージがありますが、低価格でありながらラグジュアリーな雰囲気を併せ持つアパホテルがここ最近増えているのはご存じでしょうか？

どこのアパホテルもホスピタリティのレベルが高いのですが、みなとみらい線「馬車道駅」より徒歩3分、JR「横浜駅」からも3駅5分の好立地に位置するアパホテル&リゾート〈横浜ベイタワー〉は、その名前通りリゾートホテルのような充実度で、ここはその中でも特に群を抜いています！

エントランスをくぐりぬけ、ロビーでは3階吹き抜けの天井が宿泊者をお出迎え。かなりの部屋数をもつアパホテル&リゾート〈横浜ベイタワー〉ですが、混雑時でさえ重い荷物を持ちながら待つということはありません！ 黒とゴールドとアパホテルのオレンジを基調としたロビーには、自動チェックイン機やレセプションが相当数並んでいます。

また計16機ものエレベーターが、宿泊する部屋の階数に応じてそれぞれ分けられているので、エレベーターを使用するたびに遥か遠い階にいるエレベーターの階数表示に一喜一憂することもなく快適に移動できます。

素早くチェックインを済ませて部屋に入ると、窓には開港都市横浜みなとみらい、ベイブリッジの景色が広がっています。夜になるとまるで1つの展望台がそのまま部屋になりその夜景を独り占めしているような錯覚を受けるほど。

しかしアパホテル&リゾート〈横浜ベイタワー〉の魅力はもちろんこれだけではありません！　このホテルの4Fではプール〈遊泳は夏限定〉と大浴場が利用できます。玄要の湯〈禅の言葉で「優しく包み込む」の意味〉と名前がついているこの大浴場ではジェットバスなどを含む非常に広々とした3つの内湯と、露天に壺湯や寝湯と開放的な露天風呂が1つずつと計6つのお風呂が楽しめます。また、客室のテレビ画面から大浴場の混雑状況が常に確認できるので混雑していないタイミングで利用可能です。

神奈川

Dinner

夜食

## 〈横浜ベイタワー〉の

# おしゃれディナー

ディナータイムは1Fにブルワリーレストラン「REVO BREWING（レボ・ブルーイング）」と、創作和食レストラン「和善」、35Fに和食レストラン「KITCHEN MANE」の3種の会場から選べます。それぞれ用途に合ったお店を選びみなとみらいの夜景を望みながら食事ができるのもポイントが高い！　私は「REVO BREWING（レボ・ブルーイング）」でアパ社長がプリントアウトされたグラスで飲むクラフトビールをお目当てに行ったのですがあれはオープン記念だったらしいです…。いつかまた機会があったらリベンジしたい。

## ラム肉と野菜のソテー

ラム肉とたっぷり野菜がとても美味しい。お肉も柔らかく、クセもなくたべやすかったです！

## ホワイトアスパラ

ホワイトアスパラに温玉が乗っています。香ばしいホワイトアスパラにトリュフの香りがベストマッチ。温玉は後半に割って食べたい。

Morning

## 朝食

ゆっくりたのしめる

# バラエティに富んだ朝食

朝食は3F「レストラン・ベランダ」でのブランチバイキングとなっており、ご存じアパ社長カレーをはじめ、和洋さまざまな食事が用意されています。また、朝食タイムは10時までですが、ここの朝食券を持って入れば13時まで食事利用が可能。実はこの日、みなとみらいの綺麗な夜景を見ながらホテル飲みをしていたらついつい飲みすぎてしまい、久しぶりの二日酔いになってしまったので13時まで食事利用可能なのがとてもありがたかったです。朝食メニューは10時でそれ以降はランチメニューに変更になるようなので、今度は万全な状態で朝食メニューも堪能したいと思いました! この日はギリギリまでホテルを堪能し、時間ギリギリ(2時間延長しました笑)にチェックアウトをしましたが、時間が迫っていたとしても精算がない限りエクスプレスチェックアウトポストにカードキーを投函するだけで1秒で完了するので、チェックアウトもスムーズに次の目的の場所にいくことができます! 無駄のないスムーズな対応! さすがアパホテル!

え?カレー?
カレーはアパカレーしか
食べませんわ
ぴや子
30代
この帽子ですか?
ルミネで買いました
カメちゃんズ

# アパ社長カレー

アパ社長カレーは、言わずもがな、アパホテルの看板メニューの一つです。少しスパイシーでコクのあるルーと、具材として野菜や肉が入ったカレーです。一般的な朝食バイキングのカレーより少し辛めの味付けが特徴です。アパ社長カレーを食べずして、アパホテルに来たとは言えません！

# マンゴーケーキ

デザートも充実しているのは甘いもの好きな方には嬉しいですよね！　このマンゴーケーキはおかわりするくらいお気に入りでした！　盛り付けも可愛い！

# 丼もの

神奈川県産の食材を使ったオリジナル海鮮丼も作れます！　マグロにしらす、贅沢に乗せて、温玉をオン！　朝から贅沢しましょう！

# Yokohama trip

港街 横浜。昼間も夜も素敵な景色をみせてくれます。
お散歩しながら、ふらふらするのも凄く楽しいですよね。

・天気がいいと気持ちいい!!
大好きな場所です。

・アパホテルの最寄駅「馬車道」
レトロな建物が並びます。

・フェリーがきていました
海風がとても気持ちいい〜

ちょっとずつ、夜の雰囲気に変化してきます。

日が落ちてきました。

・有名な赤レンガ
時期によって様々なイベントをやっています。
特に12月近くになるとやる「クリスマスマーケット」は
凄い人気です。人気すぎて入場制限がかかったり
します(汗)
平日の赤レンガは、のんびり、ゆったりできるので
オススメです!!

ぴや子によるぴや子のための自己満ページ

# ぴやコラム

## お気に入りの駅弁を語る

旅のお供に欠かせない駅弁。毎回新幹線に乗ると、どれにしようかなーと悩みますが、数ある駅弁の中でも、特に好きな2つを紹介します。ど定番すぎますが、自宅でも食べる位好き…。

### 〈崎陽軒シウマイ弁当〉

みんな大好き横浜のシウマイ弁当。崎陽軒のお弁当は色々とありますが、なんだかんだ定番のコレ。チャーハンも好きなので、どちらにしようか迷うこともありますが、こちらはシウマイが2個なので、⇦に安定します。シウマイ1個に対して、1ブロック分の米を食べます。梅ぼしの下のお米は特別視しますが、あんずはデザートとして食べない派。

パッケージ↓
チキン弁当


### 〈チキン弁当〉

パッケージが目立つため、その存在自体は知っていたが、「あえて駅弁でチキン弁当を買うのもな…。」と思いずっとスルーしていました。

しかしある時駅弁選びで悩んでいた時に、パッケージのトリと目が合い購入。以降大ファンになりました。からあげもサクッとしてレモン付き。チーズや酢の物もあるため、お酒のお供にとても合います。

ついでにこちらは、おかずはお酒のツマミとして、チキンライスは〆として別々に食べる。

東京駅、新宿駅、上野駅、品川駅
大宮駅で買えますよ〜♪♪

チラッ
目が合ったネ…

お手数ですが
切手を
お貼りください

郵便はがき

150-8482

東京都渋谷区恵比寿4-4-9
えびす大黒ビル
ワニブックス書籍編集部

**お買い求めいただいた本のタイトル**

本書をお買い上げいただきまして、誠にありがとうございます。
本アンケートにお答えいただけたら幸いです。
ご返信いただいた方の中から、
**抽選で毎月5名様に図書カード(500円分)をプレゼントします。**

| | |
|---|---|
| ご住所 〒<br><br>TEL(　　-　　-　　) | |
| (ふりがな)<br>お名前 | 年齢<br>歳 |
| ご職業 | 性別<br>男・女・無回答 |
| いただいたご感想を、新聞広告などに匿名で使用してもよろしいですか?　(はい・いいえ) | |

※ご記入いただいた「個人情報」は、許可なく他の目的で使用することはありません。
※いただいたご感想は、一部内容を改変させていただく可能性があります。

●この本をどこでお知りになりましたか?(複数回答可)

1.書店で実物を見て　　2.知人にすすめられて
3.SNSで(Twitter:　　Instagram:　　その他　　)
4.テレビで観た(番組名:　　)
5.新聞広告(　　新聞)　　6.その他(　　)

●購入された動機は何ですか?(複数回答可)

1.著者にひかれた　　2.タイトルにひかれた
3.テーマに興味をもった　　4.装丁・デザインにひかれた
5.その他(　　)

●この本で特に良かったページはありますか?

●最近気になる人や話題はありますか?

●この本についてのご意見・ご感想をお書きください。

以上となります。ご協力ありがとうございました。

TRIP 09 HOKKAIDO

# 北海道

## ベッセルイン
## 札幌中島公園

ご予約はこちらから

# 旅行に最適な立地！ベッセルイン札幌中島公園

帽子
北海道コーデ
ライダース
ニットワンピ
ブーツ
タイツ

札幌は言わずと知れた有名観光スポット。そして私のＹｏｕＴｕｂｅチャンネルの視聴者さんは高確率で北海道出身なんです！「ぜひ札幌に来てください！」というリクエストもたくさん届いておりました。今回札幌に行くにあたり、実は初めてのひとり飛行機。ちゃんとチケットが取れているのか、時間通り飛行機が飛ぶのか…ドッキドキでした。

今回旅したのは10月中旬。７年ほど前に釧路方面に行った時に夜の極寒ぶりを経験したので、秋冬の北海道にビビりちらかしていました…。そこで札幌の視聴者さんにユニクロの極暖ヒートテックを買うべきか聞いたら「いらない」と言われ、通常のヒートテックで行ったのですが…全然余裕でした(笑)。東京の1ケ月先の気候くらいで考えておけばいいかもしれません。

そもそも札幌は地下街がとても充実しており雨にも濡れずに済むので、むしろ地下街を歩いていると汗ばむくらいでした。

今回宿泊するのは、中島公園駅からすぐの『ベッセルイン札幌中島公園』です。北海道出身の視聴者さんに「ぜひここの朝食を食べてみてください！」とオススメしていただき、今回のお城に決定しました。中島公園駅からもすぐ、歓楽街・すすきのからも徒歩8分ほどの好立地。

アメニティはフロント横から選ぶタイプで、ロビーにはお茶などのサービスも。ユニットバスなど

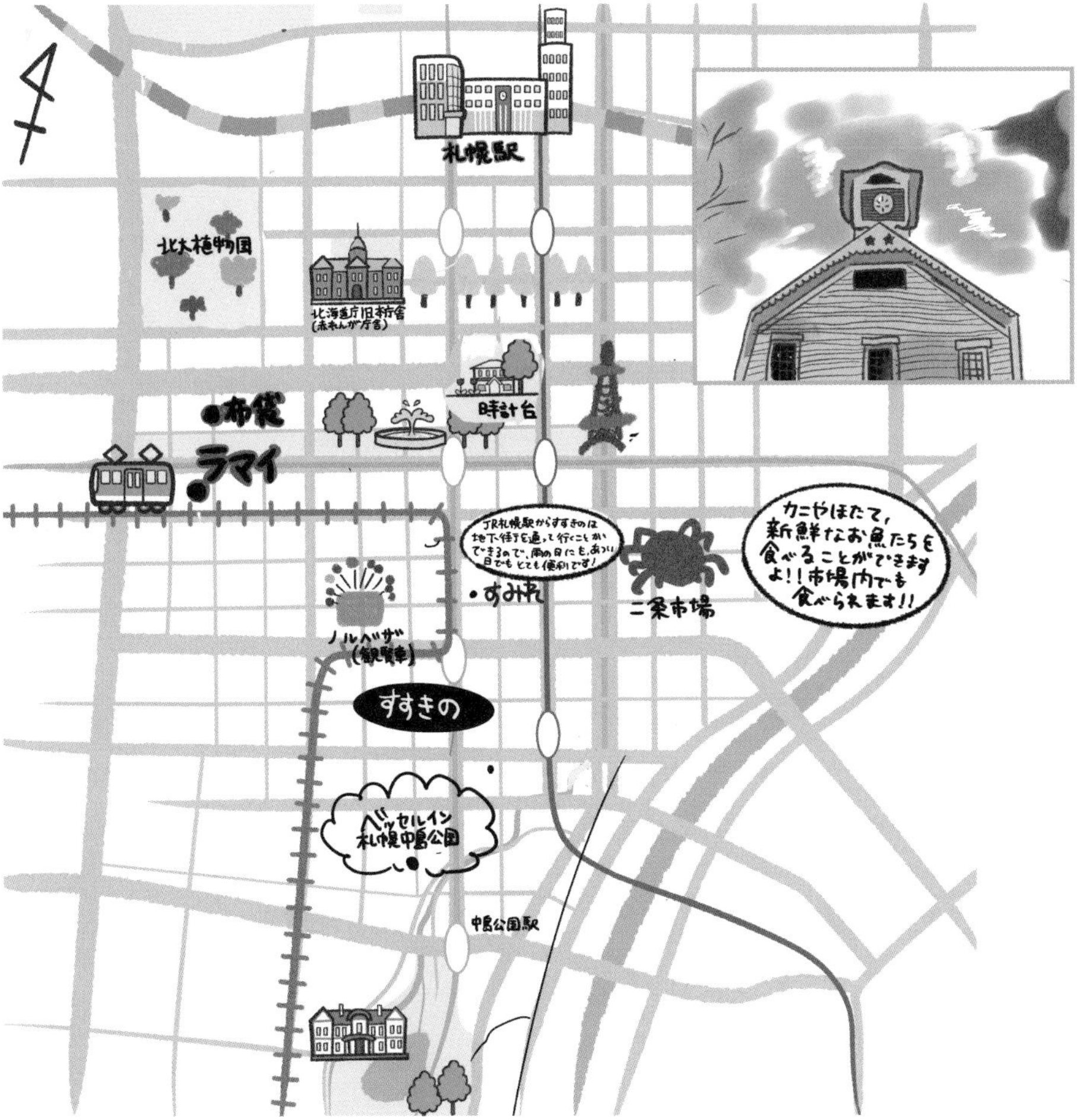
札幌駅
北大植物園
北海道庁旧本庁舎
(赤れんが庁舎)
時計台
布袋
ラマイ
JR札幌駅からすすきのは地下街を通って行くことができるので、雨の日にも、あつい日でもとても便利です!
すみれ
二条市場
カニやほたて、新鮮なお魚たちを食べることができますよ!!市場内でも食べられます!!
ノルベサ
(観覧車)
すすきの
ベッセルイン
札幌中島公園
中島公園駅

お部屋の造りは新しくはないですが、清掃が行き届いているので気になりません。さらには北海道を中心に展開しているコンビニ・セイコーマートも歩いてすぐでとても便利!

みんな
大好き！

# 魅惑の札幌

・・・セイコーマートで買った
すじこおにぎりとポテト
セイコーマートのすじこおに
ぎりは、米と塩のバランスが
絶妙!!

・・・ほくほく系のポテト
じゃがいもが甘くて美味しい

## セイコーマート

やっぱり札幌に
来たからには
サッポロクラシック一択

とんかつ弁当も美味しいらしいです♡

## ひげのうし

北海道はジンギスカンも定番
グルメですよね。「ひげのうし」
は特に有名なジンギスカンの名
店！臭みがない美味しいジンギスカンが
いただけます！
ジンギスカンのイメージとは違い、おひとりさまセット
もあるので、ひとりでも行きやすい!!
何でジンギスカンに玉ねぎなのかなと思いましたが、
ジンギスカンの旨味が相まって、
とても美味しい。玉ねぎの食感がたまらない！
ジンギスカンにアクセントを与え、
食べ応えを増します!!

## どんぐり

ちくわの穴にツナ、
タマネギのみじん切り
マヨネーズと共に焼き上げ
たパン。
コーヒーにも合っておいし～

どんぐりのちくわパン

# RAMAI

## ラマイのスープカレー

+あげあげブロッコリー+うずらトッピング

最初は、「まぁスープでしょ!と思ったら
すごい量で驚きました。素揚げの野菜が
たっぷり。チキンは骨付きですが、ホロホロで
食べやすい!最初は辛さを3にしましたが、(選べる)
そこまで辛いのが得意ではない私でも余裕でした!!

野菜が甘くて美味しい!!
店内はとても広かったですが
常に満席!!早めに行くべし!

## 中華料理 布袋

ザンギ2つとしゅうまい
がセットになって
います!!

ザンギ1個が拳くらい
大きいんです!!
2つでもかなりお腹いっぱい

…その後ラマイへ行きました(笑)

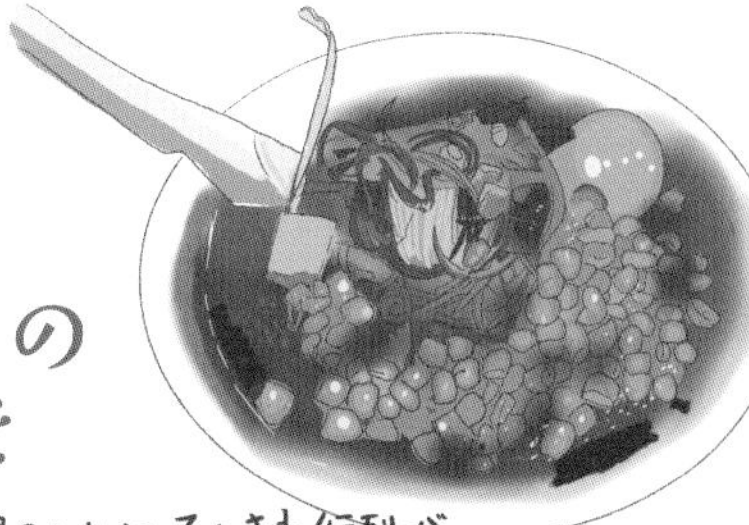

## にとりのけやき

ホテルに帰るときにひときわ行列が
できているラーメン屋さんを発見。
並んでみましたが、店内も狭いため、この札幌旅行で
一番並びました!!みそラーメンに、コーンとバターをトッピング
寒い日のラーメンって本当に美味しい!!

## イニシャル サッポロ

おしゃれな雰囲気とおしゃれで
かわいいパフェが最高です…♡
優雅にスパークリングワインと共に
いただきました。

〜夜に楽しむ特別感〜

季節のフルーツが
これでもか!!というくらい
沢山使用されています。

## 回転寿し トリトン

道民の方々に、これを食べたら他の回転寿司
は食べられなくなっちゃうよ!!と
言われたトリトン。しっかりと回転寿司の概念
を変えてきました!!昼時に2h並ぶとかザラです!

北海道

Morning

朝食

北海道めしが目白押し！

# ベッセルインの朝食ビュッフェ

『ベッセルイン札幌中島公園』の朝食は北海道の名物料理をたくさんいただけます。北海道の唐揚げ、ザンギ、いくら、炙りサーモン、甘エビ、ほぐし蟹、ホタテ、イカ、マグロ、トビコなどさまざまな海鮮…。また、ジンギスカンも用意されておりジンギスカン丼を作ることもできちゃうんです。北海道産の牛乳・飲むヨーグルトなどの乳製品も揃っているので、乳製品を飲む習慣のない私もここではひと通り飲みました。大満足な朝食でした!!!

# HOKKAIDO TRIP

道民の方々に、「乗ってしまったんですね…」と言われた、ノベルザの観覧車
私ともう一組しか乗っている方はいませんでした。笑 これも楽しい思い出♫

乗り終った後にナゾにお賽箱がありました→

サッポロビール園

ビールの飲み比べセットがあったので飲んでみました!! 味は…どれも美味しかったです!!

回転寿司の概念が変わると言われる『トリトン』しっかり概念変えてきました

中島公園の紅葉

お土産と言えば…

六花亭のも大好きです!!

新千歳空港にて2ショット!!

学生時代、諸がいドラえもんがよまりが流行ってました。

ロイズのチョコも欠せない♪

ぴや子によるぴや子のための自己満ページ
ぴやコラム
サウナに入ろう!!（基礎）
私はサウナがすきです。普段全く汗をかかないからか、あのドバッと汗をかくのがたまりません。とは言え、まだまだサウナビギナーなので、このページで一緒にサウナについて勉強しましょう!! Let's Go～!
①しっかり身体を洗いましょう
あわあわ
もこもこ
ゴシゴシ
みんなが使用する場だからネ!
②サウナ室へGO!!
上段が一番暑くなっています!
上級者
初心者
③サウナ中
たくさん汗をかきましょう～
お尻の下にはマットやタオルを敷きます!!
①サウナ時間は気にせず、自分のペースで無理はせず
②飲み物を持ち込みOKも多いので お水も飲みつつ、楽しみましょう
④水風呂へ
汗をしっかり流したら水風呂へ♪
ゆっくりつかってネ!
喉から冷たい息が出たら、出ましょう～
⑤外気浴
目をつぶると天国へ…
ふわっと感がいい…
×3セット位くり返す
～おまけ～
サウナハット
最近は可愛いの多い!☆
頭や体を熱から守ってくれます。
オロポ
オロナミンCとポカリを合わせたサウナの定番の飲み物
POCARI
ととのう
・今や定番の言葉。人によって感じ方は違いますが、ふわっとするような、不思議な状態
マイペースに楽しいサウナライフを♪♪

# 東京

## スーパーホテル Premier池袋天然温泉

ご予約はこちらから

# ビジネルホテルの概念が変わる！おしゃれな女子会に最適なホテル！

　スーパーホテルといえば、私は昔ながらの〝ザ・ビジネスホテル〟のイメージを持っていました。しかし最近は通常よりワンクラス上の作りがなされ、とことん女性向けを意識した「Lohas」「Premier」などシーンによって使い分けられるよう種類分けされていたり、ウェルカムバー（無料）が用意されていたりと、宿泊者が利用しやすくパワーアップしているのです！　池袋にもビジネス利用者向けの通常店舗『スーパーホテルJR池袋西口』、アニメーションとコラボしたお部屋などバラエティに富んだ『スーパーホテルLohas池袋駅北口』、天然温泉や女性専用フロアを完備した『スーパーホテルPremier池袋天然温泉』3店舗のスーパーホテルがあります。今回はいちばん新しくオープンした『スーパーホテルPremier池袋天然温泉』に宿泊しました！

　スーパーホテルといえば選べるまくら！　高さや硬さなど、自分にあった枕をフロントで選ぶことができます。たくさんの種類が用意されているので、スーパーホテルに行くと毎度迷ってしまいます（笑）。

個人的なスーパーホテルの推しポイントは、大きなデスク！　デスクがあるホテルはたくさんありますが、こんなに大きなデスクはスーパーホテルくらいなのではないか、と来るたびにびっくりします。リモートワークをするもよし、ごはんを食べるもよし、ちょっとしたパーティもできちゃう大きさなんです。私はシンプルなシングルルームに宿泊しましたが、スモークピンク基調のおしゃれな内装のお部屋もあります。貸し出しではなく充電

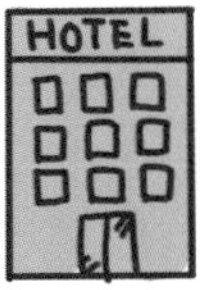


器が客室に備え付けてあるのもぴや子ポイント高め。

　そしてレディースルームには、ヘアアイロンや女優ミラーなど、女性の身支度に必要なグッズが勢揃い！　気軽にお泊まりしやすい環境なのは女性客にはありがたいですよね。

　お酒が大好きなわたくしぴや子にとってなんといっても最高なのは、ラウンジのウェルカムバー！

ラウンジは雑貨屋「フランフラン」のような淡い白やパープルを使った内装で、リキュールやビール、焼酎などお酒の種類も豊富に用意されています。女性向けのおしゃれな内装の凝り方はPremier特有の造りなのかもしれません…！　コーヒーなどのソフトドリンクもあるのでお酒を普段飲まない人でも楽しむことができます。控えめにしておこう…と思いつつ、空間のおしゃれさや普段飲まないようなお酒が目の前に広がっていることにテンションが上がってしまい、3杯も飲んでしまいました（笑）。カフェのような雰囲気の空間なので、仕事をしたり会話に花を咲かせる利用客が多い印象でした。

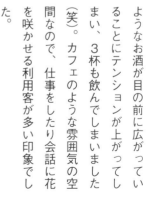

Morning

朝食

＼お部屋でも、ラウンジでも！／

# Premierな朝ごはん

『スーパーホテルPremier池袋天然温泉』の〝サスティナブル朝食〟はお部屋もしくはラウンジで選んで食べることができます。別名〝ベジ活ビュッフェ〟と呼ばれ、無添加に配慮したオーガニックな作りになっているのです！

　海鮮、肉のどちらかのメインプレートを選び、その他のパン・お米などの主食やおかずはビュッフェ形式。今回のメインではハンバーグをチョイス。

　スーパーホテルはどの店舗でもパンにこだわっていますが、特に「Premier」のクロワッサンはバターが香ってサクサク、とても美味しいんです！　そしてハムやレタスなどの具材を挟んでバーガーのようにすることもできます。他にもトルティーヤを好きな食材で作ることができたり、オマール海老のビスクなどの小洒落たメニューが目白押し。女性が喜ぶものを知り尽くしているホテルだ…！

　今まで何度か他のスーパーホテルに宿泊したことがありますが、ここまで女性に特化した店舗は初めてでした！

　みなさんも、女子会やごほうびステイにいかがでしょうか？

メインは2種類から!
おしゃれ感もあるけど、ボリュームも◎

ハンバーグおいしい〜!

# SUPER HOTEL

『と言えばクロワッサン!?』

一口サイズで、パクパク食べることができます!!
ほんのり甘くて、サクサクが大好きです♪

手作りバーガーも作れます♪

朝食会場も
清潔感あってステキな
空間でした

オマールエビのビスク

サラダにアボカドが入っているのって珍しい!
※管理が大変なんだよ〜!!

＼こだわりの空間／

# スーパーホテルの大浴場

スーパーホテルといえば、最近では大浴場（しかも天然温泉）のホテルが増えています。ここスーパーホテルPremier池袋天然温泉もその一つです！

源泉は奥湯河原を使用しており、天然温泉は奥湯河原より毎日直送しているそう。お湯は毎日入れ替え、加温・循環濾過して適切に管理されています。

奥湯河原温泉は、体の芯までよく温め、温泉から上がった後も湯冷めしにくいという特徴があるそう。また、美肌の湯として知られていて、弱アルカリ性で刺激が少なく、肌触りの良いお湯が楽しめます。池袋にいながら源泉直送の天然温泉が楽しめるのは嬉しいですよね！

15:00〜翌9:30まで夜通し利用できるのもとても嬉しい。

お風呂は温泉というより、おしゃれなスパのような雰囲気です。薄暗くなっているお風呂内はゆったりリラックスするのにはもってこいの雰囲気です！ 4階には女性専用のパウダールームがあり、ドライヤー、コットン、スキンケアグッズが揃っています。

# 番外編// KP♪
# ひとり飲みおすすめスポット

## ① 大都会
言わずと知れた有名店!!
食券を買ってレッツせんべろ!
人気店なので、早い時間がオススメですよ!!

## ② ビアパブカムデン
なんと言ってもクラフトビールがおいしい〜!! 店内もおしゃれでひとり飲みにぴったりですよ〜
フィッシュアンドチップス うまい!!

## ③ イケバル
サンシャイン池袋からすぐ!!
「ちょい飲み酒場」ということですが、ちょい飲みでは収まりませんでした〜

ビジホ飲みもいいけど、美味いところで一人飲みもチャレンジしたりという人へ♪ 最初は少し勇気がいるけど、ここならおすすめという3選!!

ぴや子によるぴや子のための自己満ページ

# ぴやコラム

## お美味しいお酒とは？

お酒を飲み始めた大学生くらいの頃は、宅飲みやチェーンの居酒屋が定番でした。それはそれで満足していたのですが、働いてお金を持ったら←こんなのとか飲めるんだろうなあ。という気持ちを抱いて入職。私の配属した部属は、全員年齢や経験がバラバラという。（私が一番年齢が下）でしたが、「お酒が好き」という共通点があったので、すぐに仲良くなり、お給料が出たら（出なくても？）麻布十番、六本木銀座など、所謂学生のお金じゃ行けないところにもたくさん行ってみました。

が、しかし、しょせんただの会社員。すぐに格安チェーンになり最終的には「店で飲むと無限にお金を使ってしまうから、宅飲みにしよ。」と、以降宅飲みが定番となりました。

「あれ…？私が思い描いていたのは、仕事終わりに、行きつけのバーで、ヘイ！マスターみたいな…。」

そして、話す会話は、小学生レベルの下ネタや仕事のこと、最後は誰かが寝落ちし、誰かが歌い出すという、学生の頃と全く変わらない飲み会をしていました。（現在進行形）

そんなこんなで夢の「ヘイ マスター」というのは、同期で持ち寄ったなべになりました。

この本を読んでいる現在格安居酒屋にいるけど、いつか←こんなの飲むんだろうなあと思っている方。最初に覚えたお酒の飲み方はそうそう変わるものではないということ!!（諸説あり）結局美味しいお酒は

**「何を飲むのではなく、誰と飲むのである!!」**

TRIP 11 FUKUOKA

# 福岡

## 静鉄ホテルプレジオ 博多駅前

ご予約はこちらから

# 新幹線の目の前！アクセス抜群のホテル

今回宿泊した『静鉄ホテルプレジオ博多駅前』は博多駅から徒歩7分ほどの、静岡鉄道が運営するホテルです！（静岡には縁とゆかりしかない私としたことがすぐに気づけませんでした…（涙））。ホテルのすぐ近くにはコンビニがあり便利も良し。ホテルの窓からは新幹線が一望できるので、鉄道好きにはたまらないだろうなぁと思いました（騒音は気になりませんよ！）。

　私はバス・トイレ別のお部屋にしました（3点ユニットバスのお部屋もあります！）。友人からもらった入浴剤を入れ、屋台巡り後の身体をゆっくり休めることができました。

プレジオ博多の朝ごはんは博多の名物料理がたくさん並んでいます。定番の明太子、時間がなくてお店に行くことができず断念していたモツ鍋も…！　そして静岡の会社が運営するホテルならではのお茶の飲み比べセットまで。博多に来て博多らしからぬ物を楽しむのも面白かったです。

　プレジオ博多もとても便利が良く旅行に最適なホテルですが、屋台がたくさん出店しているのが博多駅から二駅ほど離れた中洲川端駅の周辺。飲み歩いてべろべろになることを考えると、屋台巡りを中心に観光するなら中洲付近の宿を取るのも便利かもしれません。

東京から博多はどうしても遠く感じてしまいやすい。ですが、博多駅から福岡空港までは地下鉄で2駅で乗り換えなどの面倒もなく、食べ物はとっても美味しい。友人曰く、福岡空港に着陸するのは繁華街が近いから難しいとか聞きました。本当にすぐ上を見ると飛行機が飛んでいます。もしかしたら旅初心者に一番おすすめの場所かも…？

テレビでなんとなく聞いてはいたものの、実際見ると東京の歓楽街とはまた違った独特な雰囲気がありました。有名な観光スポットですが、初めて行くと「テレビや雑誌で見た場所だ…！」とちょっと感動してしまいました。

風を浴びながら散歩をしましたが気持ちよかったです。いつも歩くのは嫌いなのに、旅行だとたくさん歩いてしましします。

## ぴや子厳選！ 博多のステキな風景

天神のど真ん中にある警固神社のすぐ横の足湯。こんなところに足湯があるなんてびっくりしました。天神は色々と楽しめる場所が多いので、ちょっとした一息に..ぴったりです！
ついでに警固神社は厄除け、必勝、合格祈願などで知られている有名な神社なんですよ！お参りのついでに足湯で一息つくのもいいかもしれませんね！

＼ どれを選んでもまちがいない！ ／

# 絶品博多グルメ

## 牧のうどん

朝イチから大人気の牧のうどん
太くてやわらかい食べごたえある麺が特徴！
汁が吸われて麺が増えるので、
追いツユが付いています。
ゴボウ天がサクサクでおいしかった～

## はかた天乃

めんたいこがドーンと乗っている
明太丼。一度は食べてみたかった!!
お醤油をかけたらしょっぱすぎるかも？
途中からダシ汁を入れて
いただきます。
サラサラ食べられる～！
はかた天乃
錦糸卵と
しらすもあります!!
サラダ付き♪

私の今回の旅の目標は「ひとりで屋台を巡る」こと。屋台初心者なのでひとりで入るのはすごく緊張しましたが、女性ひとりで楽しんでいるお客さんもちらほらいたため、勇気を出して入ることができました。初めての屋台巡り、いろんな方とお話ができてとても楽しかったです！　この本の読者さんもぜひチャレンジしてみてほしいです。

ベタに博多ラーメンは絶対食べたい!と思い
定番のココをチョイス!! 屋台で沢山食べたあとの1杯は
沁みますよね…

味玉も味が染みてて
美味しかったです。

SHIN SHIN のラーメン

# Shin-Shin

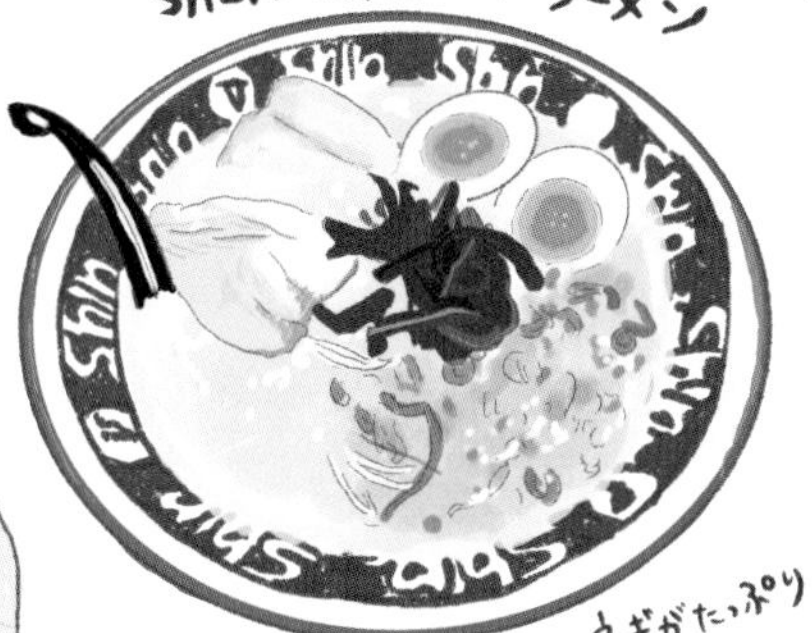

ネギがたっぷり!

# 雲仙

めんたいこ卵焼き

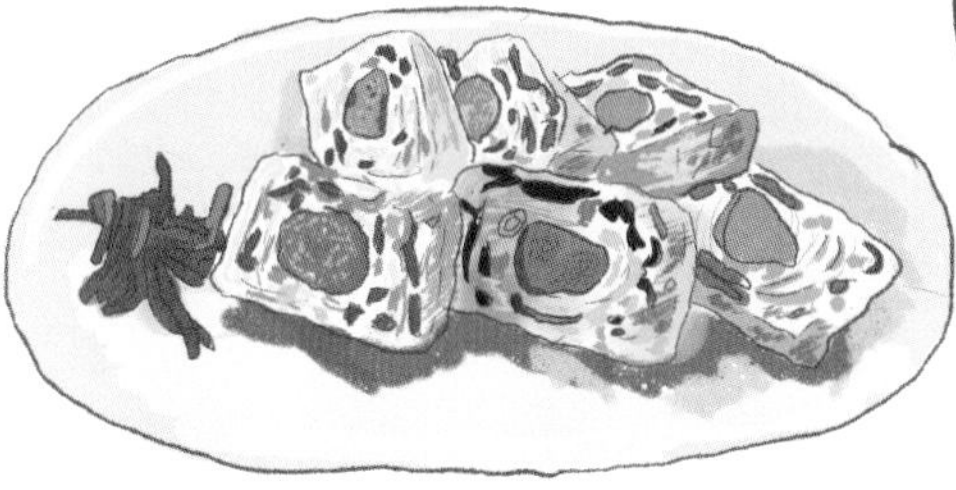

プリン体×プリン体は最高の組み合わせ!
紅しょうがのアクセントがこれまたいい!!

# レミさんち

大人気「レミさんち」のエスカルゴ

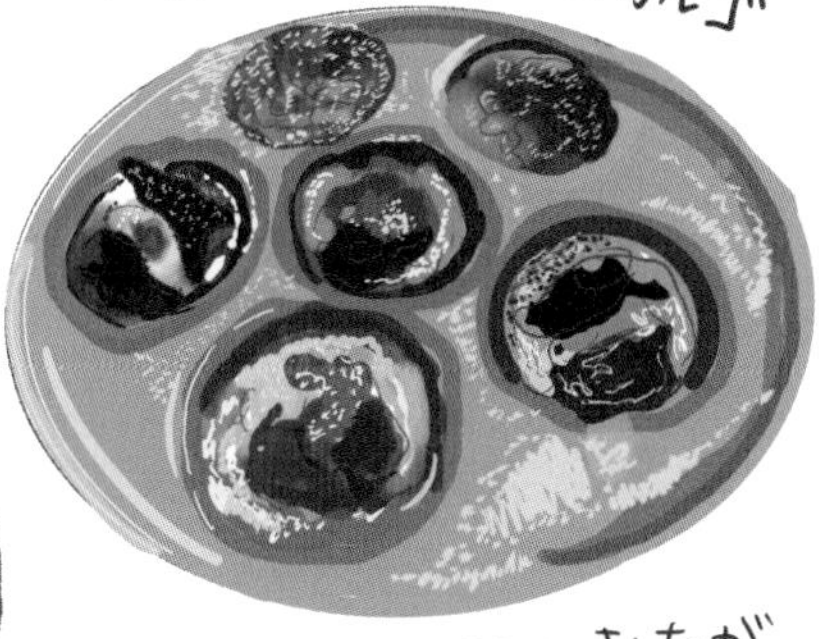

開店前から何組かいましたが、
1巡で入れました。
屋台で食べるフランスの家庭料理いいですね!

# 天神のりゅう太くん

りゅう太くんのおでん

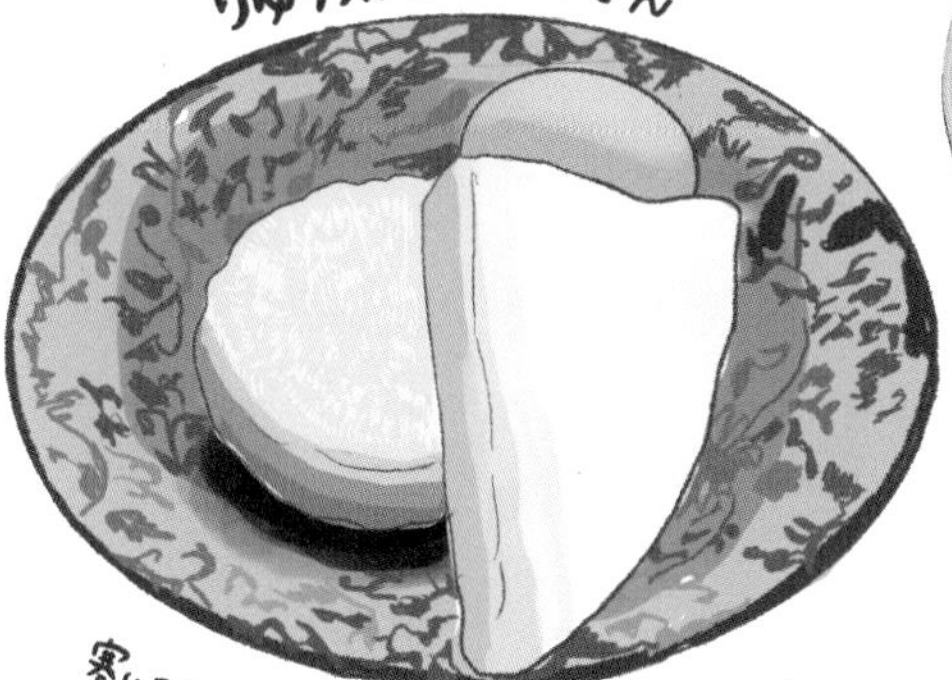

寒い日だったので、おでんに吸い寄せられました…。
味がしみしみ。ほっとするお味です。

# 河太郎

おまけ

福岡出身の友人が教えてくれた「河太郎」の
「呼子のイカの造り」イカのお刺身は白い
イメージがありますが、こちらのイカはコリコリ
とした食感が特徴でネットりしていないん
だとか。友人曰く、「とにかく美味い!」だそう。
次福岡に行ったら私も行きます!

# 〈宮地嶽神社〉

■JR博多駅

30分→福間駅下車

駅前よりタクシー5分
徒走約25分

フォトスポット

女性の心身外をお守りする神様で、「恋の宮」と呼ばれている人気スポットなんです。

ハート♡になっていて可愛い!!!
この写真は同期が撮ってくれました!!

6月から10月まで風鈴まつりがあります♪

うっとりしちゃいますよね♪♪

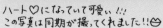

# 宮地嶽 神社

相島《あいのしま》は、新宮港からフェリーで17分です!!

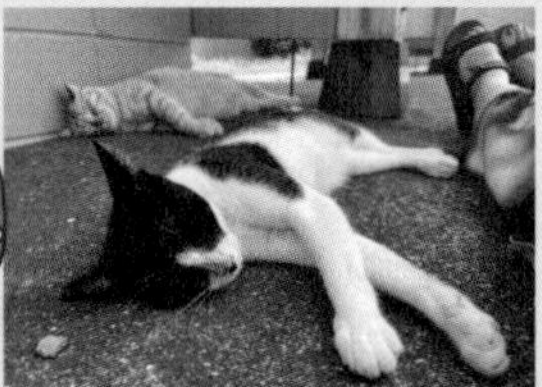

猫がたくさん居ます!!!

全体と写真撮りましたよ〜!(笑) 色々なサンタさんがいました!!

ぴや子によるぴや子のための自己満ページ

# ぴやコラム

## 新幹線or飛行機どっち派?

実はひとり旅を始めるまでは、飛行機は
あまり得意ではありませんでした。
離陸までに時間はかかるし、空港から中心街に出る
までも結構時間がかかるし、機内はとても狭い。(しかもビジ
ネスクラスを横目にエコノミーに乗るのも何とも言えない気持ちになる。◎◎)

でも博多に行って福岡空港のアクセスの良さを知ったり、何回も
飛行機に乗っているうちに飛行機に対する苦手意識が薄れた気がし
ます。しかも、マイルが貯まるのも飛行機の醍醐味ですし、
空港グルメは目移りする程充実していますよね!!
新千歳空港なんて1日中楽しめてしまいます♪

一方で新幹線は、小倉、広島、岡山、神戸、大阪、京都、名古屋、
新横浜を通過するため、途中下車をして2泊目を楽しめるのがいい。
窓から街並みが変わるのを見ながら駅弁を食べるのも楽しい。
そして、たまにはグリーン車に乗って自分にご褒美なんていうのも
いいかもしれません。それぞれ駅直結ホテルがあるので、
直ぐに体を癒すこともできます!!

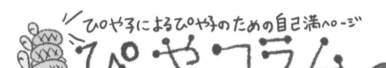

# 愛知

## 天然温泉 錦鯱の湯

# ドーミーインPREMIUM名古屋栄

ご予約はこちらから

# 泉質がスゴイ！
# ドーミーインPREMIUM名古屋栄の大浴場

ドーミーインといえばやっぱり大浴場！　旅の疲れをきれいさっぱり洗い流します。ドーミーインＰＲＥＭＩＵＭ名古屋栄の大浴場はコンパクトながら、内風呂以外にも露天風呂、サウナがありかなり充実。そしてなんといっても、温泉は今まで足を運んだドーミーインの中で１番泉質が良く、お肌がすべすべになって気持ちがいいんです！　温泉が好きな人には特に行ってみてほしいホテルですね。

ひとくちメモ　地下鉄東山線・鶴舞線「伏見駅」からも徒歩約３分で行けます！

Morning

朝食

名古屋めし勢ぞろい！

# ドーミーインのご当地朝ごはん

愛知

## ひつまぶし風

ドーミーインの朝食といえばご当地めし。ドーミーインPREMIUM名古屋栄の朝食は「ひつまぶし風」です！　最初はそのまま、次に薬味をかけて食べて、最後はだし汁を流し入れさらっといただきます。　前日に少し飲みすぎてしまったので朝はあまり食欲がなかったのですが、「ひつまぶし風」だけで3杯おかわりしてしまうくらいには美味しい！　食べ方によって違った味わいが楽しめます。他にもエビフライやどて煮、きしめんなどの名古屋名物が揃っているのもありがたいポイント。

名古屋を愛し、名古屋に愛された（!?）

# ぴや子の イチ推しグルメ

名古屋と聞いて何を思いつきますか？ えびふりゃー（実際はそう言いません）、味噌カツ、金のシャチホコ、名古屋巻き…。 私にとって名古屋はパワースポットなのです!!

ひつまぶしを食べたら喉に骨が刺さって耳鼻咽喉科を受診したり、親友が名古屋に嫁いで寂しくてわざわざ会いに行ったり、人生に思い悩んで新幹線で東京から博多まで逃亡しようとするも勇気が出ず名古屋で下車してエビフライだけ食べて帰ったり…（笑）。数え切れないほど名古屋にはたくさんの思い出が詰まっています。そして名古屋に行った後、必ずと言っていいほど良い方向に物事が進むんです。それくらい私は名古屋を愛し、名古屋に愛された…（?）女なのです。そんな私が名古屋のイチ推しグルメを紹介します！

## コンパル

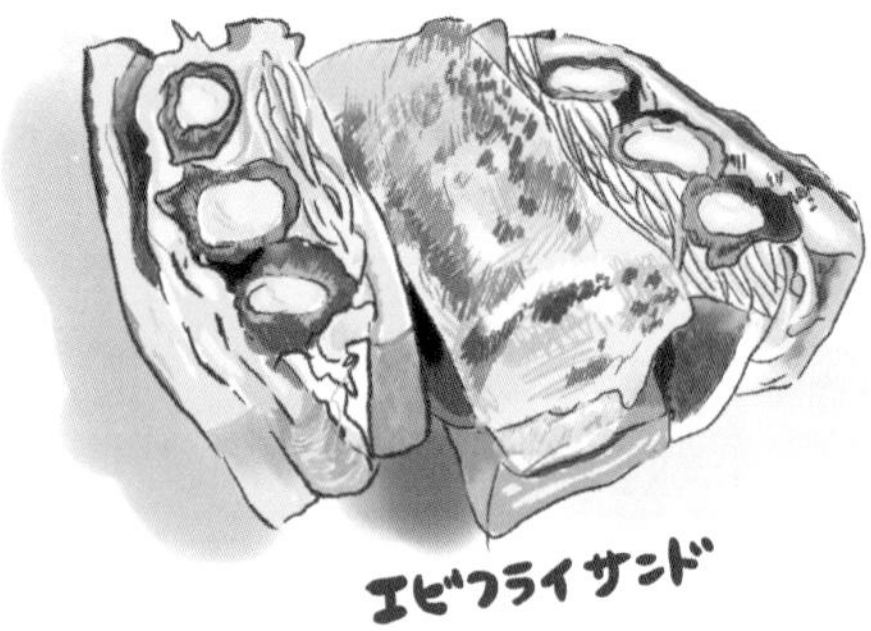


名古屋市内に9店舗展開しているローカルチェーンの喫茶店です。私は名古屋駅の地下街にあるメイチカ店（※2023年12月時点、改装工事により閉店）に行きました。ここのアイスコーヒーとエビフライサンドが最高に美味しいんです！ アイスコーヒーを注文すると、あつあつのホットコーヒーと並々置かれた氷がたっぷりと入ったコップが届きます。

まず、ホットコーヒーと砂糖（お好み）をよく溶かします。そのコーヒーを氷の入ったコップにそそぎ、最後にミルクフレッシュを入れていただきます。このひと手間には理由が…。あつあつの濃いコーヒーを瞬時に冷却することで、香りや風味を損なわずに美味しいアイスコーヒーが出来上がるのです。

そしてエビフライサンド！ これを食べないと名古屋に来た気にならないほどお気に入りです。ぷ

くるん
こうじゃなくて…
縦にすると上手く食べられるよ!
おいしいんだけど食べにくいのよ〜…

りぷりのエビフライとうす焼き卵、大盛りキャベツにタルタルソースがかかった仕様。美味しいんだけど、具材がパンの間にたくさん詰まっているので食べるとめちゃくちゃ溢れる(笑)。名古屋マスターの視聴者に上手な食べ方を教わったものを絵にしたのでご覧ください〜!

# 味仙

『味仙』は名古屋をメインに多く展開している、元祖台湾ラーメンで有名なチェーン。お店ごとに味が違うんだそう!かなり混むので、できるだけ開店と同時に入ることをオススメします。

何度も名古屋に行っているのに味仙に入るのは初めて! 味仙の台湾ラーメンは前評判でとても辛いと聞いていたので、卵をトッピングしました(私が食べられる辛さは、蒙古タンメン中本で例えるなら辛さのレベルは10段階中下から2番目がマックス)。味仙の台湾ラーメンは蒙古タンメンとはまた違ってむせこむような辛さなので上手くすすれない(笑)。でもこの辛さがクセになって手が止まらないんです。そして卵トッピングして正解! 意外と一杯が小ぶりなので、飲み会の〆にもぴったりですが、卵を割って食べることで辛さがマイルドになってさらに美味しかったです!

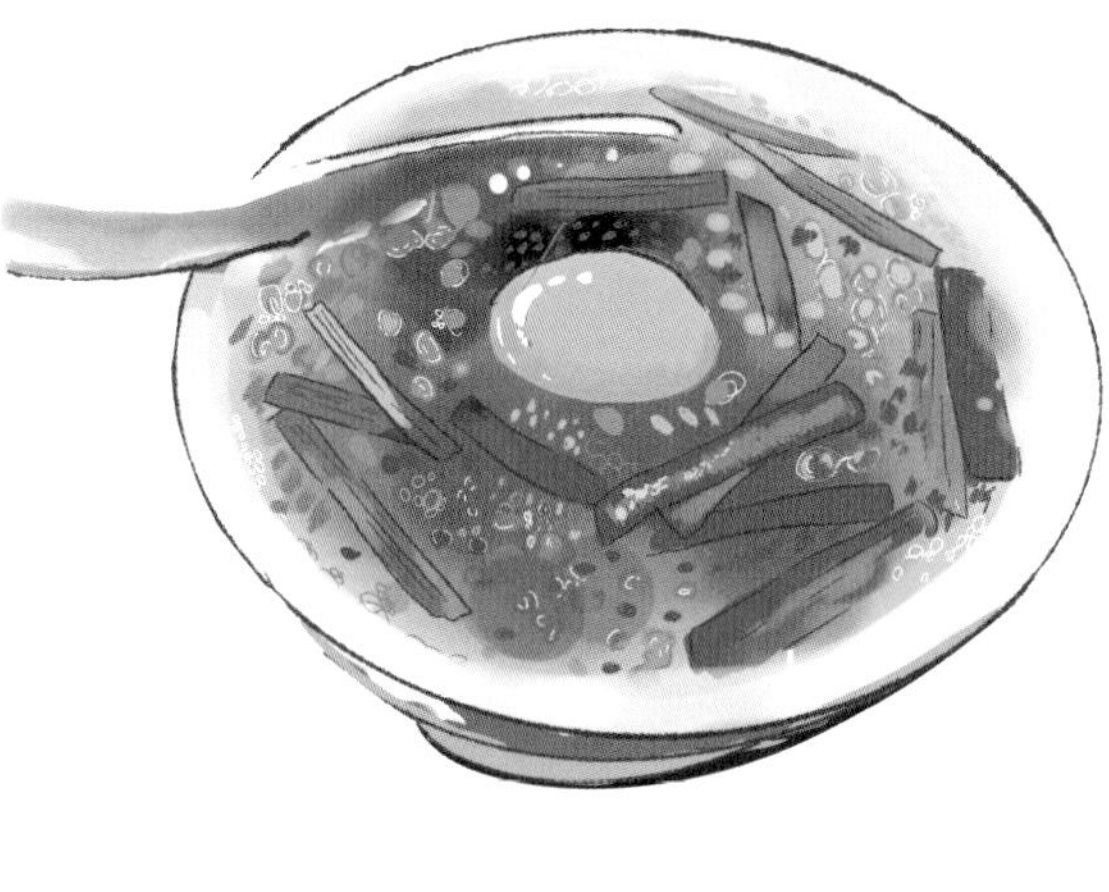

## らむちぃ

　味噌カツと言えば名古屋名物として有名ですが、『らむちぃ』の味噌カツは、これでもか！　というくらいネギとキャベツが乗っているんです。

　サイズはMかLを選べます。Lは相当お腹すいていないと食べられないんじゃないか!?　という迫力なので、初心者はMサイズを選ぶべし。コッテリとした名古屋の赤味噌がかかっていますが、大量のキャベツとネギのおかげでもたれることなく食べ進められます。そしてご飯にもビールにも合う！　ネギ好きの方にはぜひ行っていただきたいお店です。

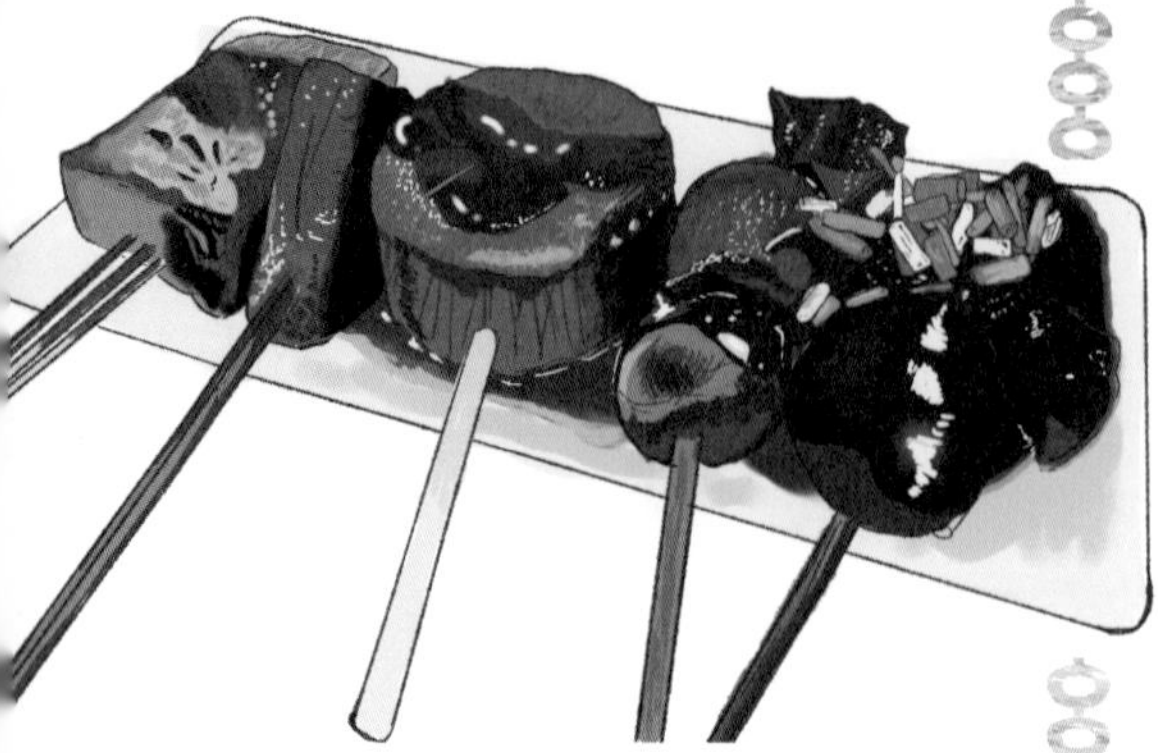

## 島正
## （しましょう）

　『島正（しましょう）』はどて焼きや味噌おでんの有名店。昭和24年創業の老舗なんです！　人気店なのでランチタイムはかなり混み合うようです。おでんの盛り合わせを注文すると赤味噌の濃い黒に染まった姿がやってきます。自家製だれに漬け込んでいるので、出汁がしっかり染みていてとても美味しい！　八丁味噌のような味を想像していましたが、見かけによらずあっさりとした味わいです。

　また行く機会があれば、次は牛筋煮込みを使ったオムライス「どてオムライス」を注文してみようと思います！

# 名古屋城さんぽ

お散歩がてら名古屋城へ。初めて名古屋城に行ったのは、元彼と喧嘩したときだな…その直後にひつまぶし事件(後述)が起きたんだっけ(結局、お城付近で売っていた抹茶ソフトクリームを食べたらいつの間にか骨が取れていました笑)。名古屋城の歴史は説明出来るほどの知識がないのですが(歴史を知ってから観に行くともっと楽しくなるゾ!)、名古屋城のシャチホコを目の当たりにすると「名古屋きたー!!」とテンションが上がるので名古屋に行くと必ず寄ってしまいます。名古屋城には〝ヒガシくん〟という名前の看板猫がいます。今回、私は運良く出会うことができました! 人馴れをしすぎて近寄ってもびくともせずスヤスヤ寝ている姿は、最初見たときかなり驚きました。

ぴや子によるぴや子のための自己満ページ

# ぴやコラム

## 自分と向き合うこと

自分にマイナスな感情があったら、逃亡がてら、ビジホに宿泊します。家に帰宅することもあるのですが自分を見直すのは、環境を変えることは、すごく大事だな…。と。

とはいえ、引越しや、転職は直ぐに出来ることではないですよね。

私は怒りの感情が出たら、その中に抱えている本当の感情と向き合うようにしています。一歩引いていつもと違うところに身を置くと、不思議と自分を客観視することができました。

例えば、誰かに対して、妬ましいとか嫉妬って感情を抱くと、なんか相手に負けた気になるし、そう思いたくないから、無意識に怒りという感情に昇華しているだけだったりします。

行き場のない感情を怒りで誤魔化しているだけで、「私はあの時悲しくて、切なくて、辛かったんだなあ。とか。」

自分の気持ちに素直になるって、嫌な感情もドロドロした面倒くさい感情も、これも私なんだと受け入れないといけないので、すごい難しいなと思います。

でも、これが「一歩すすむ」てことなのかなあと思う今日この頃です。

この本を読んでいる方の中には、ホテルステイする時間すらないよーという方もいると思いますが、全ての方にそのような場所があったらいいなあと思います。

ぴや子はたまたま
"ホテル"だったけど、スポーツ
料理、ゲーム、何でも
いいよねー!

TRIP 13

SAITAMA

# 埼玉

## レフ大宮
## byベッセルホテルズ

ご予約はこちらから

# 公園をイメージした
# アースカラーのホテル

前ページで紹介したベッセルホテル開発が運営する〝レフbyベッセルホテルズ〟系列の『レフ松山市駅』と同じく『レフ大宮』も内観すべてが凝っていて、朝食が豪華であり、そして大浴場があります！『レフ大宮』にはずっと泊まってみたかったホテルだったので念願がかないました…！

JR大宮駅から徒歩3分、目の前にコンビニがある過ごしやすい立地となっています。エントランスに入ると〝REF〟という看板がついた犬のぬいぐるみがお出迎えしてくれます。静かに寝ているのでよーく見てみると、ちゃんと呼吸に合わせて動いている！ かわいい〜！ ワンちゃんを横目にフロント横の棚からアメニティをチョイス。

気になる客室はグリーンが基調のお部屋。シックで大人っぽいオシャレな内装なので、気持ちも落ち着くことができます。

〝ザ・ビジネスホテル〟のような内装も好きですが自宅にはなかなか置かないような素敵なインテリアに囲まれるのも特別感がありますよね。

部屋着はガウンタイプではなくセパレートタイプ！　セパレートでないと落ち着かず、寝られなくなる私からすると荷物が減るので超ありがたいです。

　そして大浴場は内風呂と合わせてミストサウナ完備。間接照明を使用してこれまたおしゃれで、水族館のようにキラキラした空間になっていました。

　ドライヤーはすべてダイソンを使用しているのも嬉しいポイント。乾きが速いので普段は面倒くさいヘアブローも苦になりません。

Morning

朝食

＼ レフ大宮の ／

# ボリューム満点朝食

ベッセル系列といえば朝食が豪華で美味しい！　というイメージを持っていましたが、『レフ大宮』では埼玉のご当地グルメにこだわったメニューを展開。ビュッフェ会場に行き最初に思ったことは、「埼玉名物ってこんなにあるのか！」でした。

　実は埼玉はうどん生産量第2位。『レフ大宮』では隠れた名物を大々的に楽しめるようなラインナップが用意されています。麺は丸麺と平打ち麺の2種類。どれも一口サイズであり、天ぷら、卵、サラダなど色々な具材を乗せて違った味を試すことができます。

一番に気になったのはぜりぃフライ。おからベースの小判型のフライで行田市のB級グルメなのだそう。

〝ぜりぃ〟は銭の形に似ていることから名づけられたんだとか。気になるお味は、例えると具だくさんのコロッケのようなものでした。

大宮ナポリタンは低糖質ミニコッペパンに挟んで食べるのがホテルのオススメの食べ方らしい。実際に口にしてみると見た目よりジャンキーではなく食べやすい！　何となく懐かしい気持ちになるテイストでクセになりました。

さまざまな食べ方ができるビュッフェなので、小さなお子さんがいる家族の宿泊者も楽しめるような雰囲気かも！

パンに挟んで
ミニナポリタンサンドでも

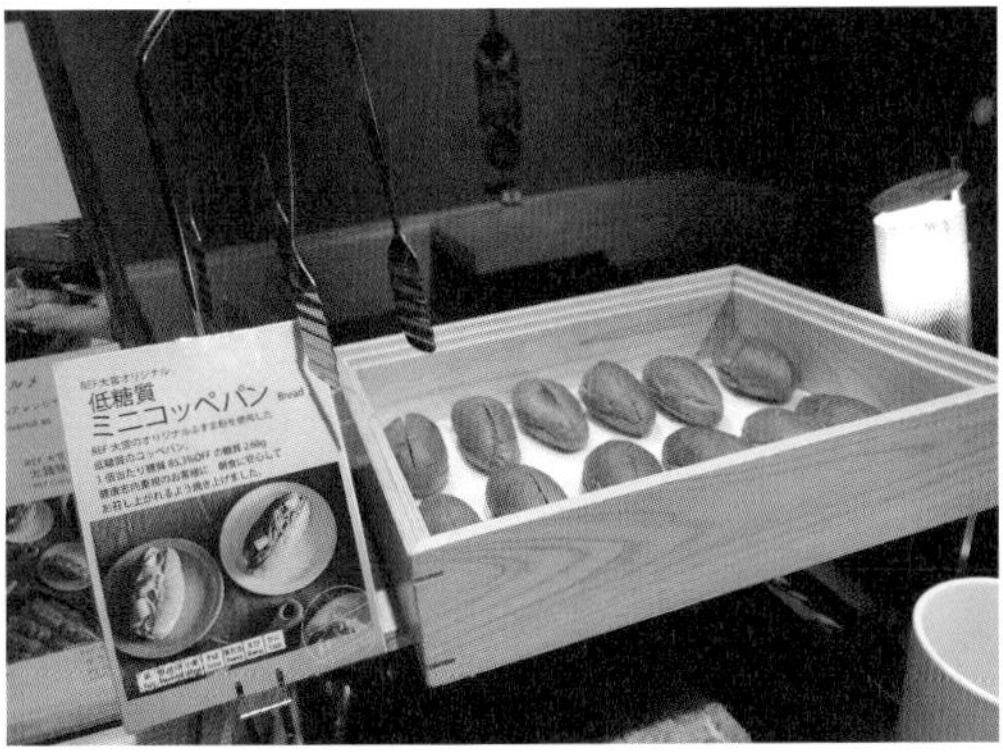
低糖質
ミニコッペパン

＼ 実はたくさんある！ ／

# 埼玉B級グルメ

## わらじカツ丼

秩父のご当地グルメ。わらじのごとく大きなカツが乗っており、ボリューム満点の逸品です。

## 太麺焼きそば

川越のB級グルメ。レフ大宮では埼玉の深谷ねぎを使用！　食べ応え抜群！

## ナポリタン

大宮の新名物グルメ。「大宮ナポリタン」の条件は旧大宮市に店舗があり埼玉県産の食材を一種は使っていることだそう。

# OMIYA TRIP

ゆるキャラ発見!! パシャ

鉄道のまち「大宮」
どこへ行くにも便利なところですよね
おいしい居酒屋もあるし、買い物も全員そろう
何をするにも便利でそろってますね。

とはいいつつ…あえて行く機会がない
からこそ「大宮」行ってきました!! 楽しかった!!
ついでに埼玉初上陸でした(笑)

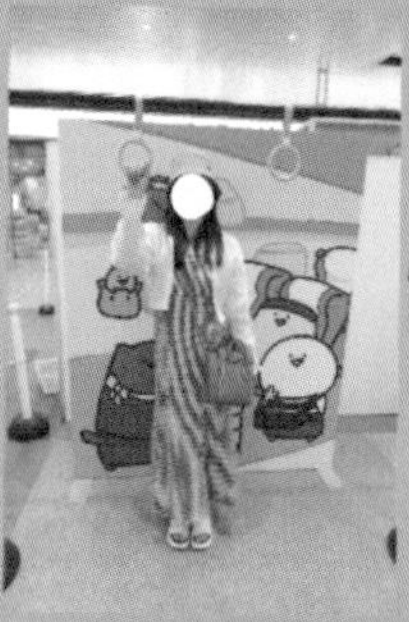

ランチは、今人気の
目の前で焼いてくれる系
ハンバーグ専門店
「めしのたね」

目の前で焼いてくれる!

お肉がジューシー!
お米がススム〜♪

大宮の2大待ち合わせスポット

こりすのトトちゃん
& 豆の木

アップルチケット
こりすのトトちゃん

フォロワーさん曰く
豆の木のが
メジャースポットとか!

ノリ増し
ネギ増し
ホウレン草増し
豆板醤
白ゴマ
味玉子トッピング
このトッピングが私スタイル

\ 夜は久しぶりに「武蔵家」一人ラーメン /

家系歴 12年目にして
たどり着いたトッピングは
ホウレン草、ノリ増!!

ぴや子によるぴや子のための自己満ページ

# ぴやコラム

## やっぱり!!美味しいお酒が飲みたい!!

私の視聴者さんの中には「ビジホで1泊は出来ない…」方も多数います。そんな方に何かオススメできないかな～と思い、とある銀座のバーへ行ってきました!!

バーと言えば、おひとりさまで行くイメージ(テレビや雑誌の影響)ですが、実際は超ハードルが高い気がしました。私の中では一人でフレンチを食べるよりハードルが高い気がしました。しかも普段はビールか、ハイボール濃い目しか頼まないので、今流行りの(?)ファジーネーブルも何も知らないし…。吉六四くらい…。

でもスタッフさんは全員プロ。プロからしたら初心者なんだろうなというのは、一目瞭然ですよね。戸惑っていると、「どんなのがいいですか?フルーツのお酒も美味しいですよ」とお話して下さいました。少し慣れた今は、「フルーツ系!アルコール強めで!」とお願いしてとても美味しいお酒作ってもらっていますが…(笑)

それにしてもバーって不思議な空間ですよね。一人でしっぽり飲んでいる人も居ればデートで使っていたり、待ち合わせで使っている人もいる。

ついでに私は日頃の鬱積をこれでもかと話し続けています。絶対迷惑だろうなと思うんですが、プロって凄いんですよ。私がお邪魔したバーは男性も女性もいて、聞き上手な方もいれば、引き出しの多い愛され系の方もいらっしゃいます。でも、全ての方が、私のような庶民に特別感を提供してくれるんです。

「コミュ力」という言葉がありますが、本当のコミュ力って、相手が話したい話を気持ちよく話せる空間を作るのが上手い人だなと改めて実感します。

気の置けない友人たちと飲むのが一番楽しいと前のコラムで書きましたが、綺麗な所で、少しおしゃれして、詳しくは分からないお酒を飲むと、「また労働頑張っちゃおうかな～」と思わせてもらえます。

バーテンダーがモテる理由、本当に分かります(笑)

ついでに私は周知の通り、良く飲む方ですが、意外にも5000円程で満足して、スキップで帰れます。(その日の酔い度で価格変動あり!!)

目の前でシャカシャカして作ってもらうカクテルは本当に美味しい♪

# 福島

## リッチモンドホテル
## 福島駅前

ご予約はこちらから

# ビジネス利用に最適！過ごしやすさ抜群のホテル

社会人になり、川崎のドーミーインでビジホ飲みをしてからはいくつものビジネスホテルに宿泊している私。初めてビジネスホテルに泊まったのは、大学時代に部活の応援で福島に遠征したときなのです。福島に行ったのはその思い出が最後だったので、懐かしい気持ちになりながら向かいました。

今回泊まるのはＪＲ東北新幹線・福島駅西口より徒歩1分とアクセスの良さ抜群の立地にある『リッチモンドホテル福島駅前』です！ホテルの隣はファミリーマートがあるので、ビジホ飲みにはとても便利。

入ってすぐのロビーは広々しておりイスもたくさんあるので、ゆったりと過ごすことができます。

今回予約した客室はハリウッドツインルーム。リッチモンドホテルの客室は広々として過ごしやすいイメージがもともとありましたが、今回のお部屋も一般的なツインルームより広く感じたので心もホクホク。

ソファーも設置してあり、あまりにふかふかで居心地がいいので、うっかりしてそこで寝てしまいそうになってしまいました(笑)。それくらい、とにかく快適だったのです!

テレビはYouTubeやネットフリックスも観られるので家のようにくつろげるのも嬉しいポイント。また、リモートワークの方向けにチェックインが始まるまでの日中はレンタルスペースとしても貸し出しているのだそう。そのわけあってか、ホテルの机は仕事用のデスクのような広々とした作りになっています。

この日、大宮の記事をほぼ徹夜で書いていたのですが、あの記事を徹夜で書けたのは、リッチモンドホテルのデスクとイスのクオリティーの高さからかもしれません。

2点ユニットバスですが、浸かるには十分な広さの湯舟でした。リッチモンドホテルは浴室も他のホテルより大きい造りなので、バス・トイレが一緒の客室が苦手な方でも納得できるのではないでしょうか。シャンプーなどのインバスケア用品はミキモトコスメティックス製。普段使わないような高級なシャンプーで髪もサラサラになりました!

入浴剤ももらえるよ

リッチモンドホテルの朝食は、併設の『ロイヤルホスト』や『シズラー』のビュッフェで楽しめるなど、ユニークなアイデアが詰め込まれているイメージがあります。

『リッチモンドホテル福島駅前』には『千年の宴』という居酒屋が併設しており、そちらで地産地消の福島グルメの朝食（ビュッフェ形式）をいただくことができます。居酒屋で朝食なんてなかなかない経験なので、かなり新鮮でした。個室や掘りごたつもあるので、家族連れも安心の空間です。

　疲れていてチェックアウトぎりぎりまで寝てしまい朝食を食べそびれた、朝早く仕事に向かわなければいけなくて、朝ごはんを食べる時間がなかった…なんてことも、特にビジネス利用だとありがちですよね。『リッチモンドホテル福島駅前』では使用できなかった朝食券を1100円分の金券として、一部の福島駅周辺の飲食店で利用することもできるんです。忙しい宿泊者に寄り添ったサービスは本当に助かります…！

　そしてチェックアウトは専用の機械にカードキーを差し込んで自動精算できるので、急いでいてもスムーズ！　特にビジネス利用する方にオススメしたい御宿でした。

＼ なんだか懐かしくなる ／

# 福島のおもひで

東口駅前のゆるきゃら
＊福島県観光キャラクター
ももりん

Richmond
基本的は充電器は持っていきますが、部屋に備ってると便利なんですよ〜

ホテルの充電器が多機能用だとなんだか嬉しい。

夕日に染まった福島駅はなんだかエモい…。

夜はラウンド1でひとりボーリングを楽しみました!!
スコアは聞かないで下さい。
そ〜れ〜

## うまか亭福島ピボット店

福島駅近で手頃においしいお寿司ならココ!!
うまか亭福島ピボット店

リッチモンドがある西口からすぐの人気回転寿司のお店

回転寿司と聞くと少々値が張りますが、それ以上に福島に来たらココというくらいの人気店です。やっぱり海鮮が美味しいところでは、美味しいお寿司が食べたいですよね。いつも混んでいるので、時間をずらして行ってみて下さい！（回転率はいいですよ～！）

## 丸信ラーメン

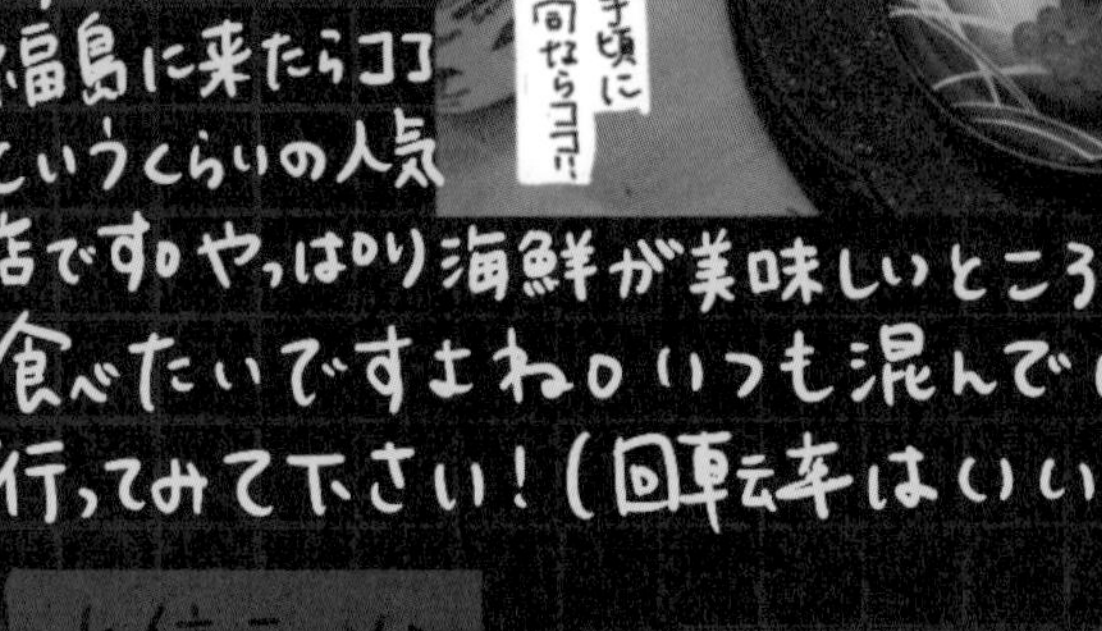
丸信ラーメン Wチャーシューメン
見た目に反してあっさり醤油
チャーシューは油が甘くてジューシー系
スープとの合性ばっちり!!

スープは見た目に反してあっさり醤油系。チャーシューは油が甘くて、ジューシー系。スープとの相性ばっちり!! 卓上には辛味噌があって入れると、優しい味からパンチのある味に変わって美味しい

今回はWチャーシューメンを頼みましたが、胃袋わんぱく系の私でも、結構ヘビーでしたので、チャーシューメンで良かったかなあ…？？と思いました。醤油スープは2層になっていて、2通りの味を楽しめるのも◎

## ？？？

ここは、ぴや子秘密のお店。
詳しくは、ご自分で調べてみて下さい！ちなみに見つけたら、必ず予約をすることをオススメします!!

お通しのお漬けもの
最高の箸休めです

プリプリのイカ焼き
屋台で売っているのを想像すると全く違いますよ!!

最初はおしんこが出てきて、キンキンに冷えたビールと飲むとかなり美味い!!!
そしてイカ焼きが出てきました。イカ焼きは屋台のを想像するとイカ焼きの概念が変わってしまいます。餃子は提供時間がかかるのでその意味でもぜひ注文して下さい!!

羽根付きのボリューム餃子
ニンニクの特製だれで食べる、餃子は衝撃です!!

そしてお待ちかねの餃子です。福島は円盤餃子が有名ですが、こちらは焼き時間がかかるのなあとと納得てしまう位の大きさとボリューム。タレは、特製のニンニクが効いたパンチのあるタレで、一口食べた瞬間に、私の**ナンバーワン餃子**、居酒屋はココだ!!と思ってしまいました!!
「おいしいおしんこ→イカ焼き→餃子の流れは」最高であり、頂点に君臨しました これだけ飲み食いして3000円以内でした

ぴや子によるぴや子のための自己満ページ

# ぴやコラム

## ホテルステイのちょっとしたコツ

私も、まだまだ旅行初心者ではありますが、たくさんの視聴者さんに予約する上でのコツは？と聞かれたので、私なりのポイントを答えていこうと思います!!

point1 公式サイトから予約をする。
以前は、公式サイトからの予約は高い気がしましたが、何だかんだで公式が1番お得だと思います！また会員になると、チェックイン、チェックアウトの時間を延長してくれたりします。また、時期によっては、角部屋にしてもらえたり、アップグレードをしてもらえます!!!

point2 じゃらん、楽天トラベルで予約すると宿泊値に応じてポイントが貯まっていきます。出張が多い人にはオススメです!! 私は大規模チェーン展開していない所だと楽天から予約することが多いです。（楽天ポイントを貯めているので。）OZモールは、女性向けや、カップル向けの予約サイトなので、よく<オズモール限定>のおしゃれで素敵なプランがあったりするので、一度はのぞいてみて下さい♪♪

point3 当日、思いきって電話して予約してみるのもおすすめです。
特に観光地では、インバウンドの方が直前キャンセルするケースがあるらしく、「予約できなかった"あのホテル"」の部屋に割引き価格で宿泊できることがありますよ!!（必ず…という訳ではないですが。）

point4 新幹線は、基本的に自由席指定席グリーン車がありますが、ちょっと贅沢にと思っている旅行なら、ぜひグリーン車に乗ってみて下さい。
予約が早めに決まっていたら「スマートEX」や「えきねっと」でお得にグリーン車に乗れます!! 東日本：えきねっと／西日本スマートEX

## なきなやんさん、あやどんさんからの質問に答えてみました!!

私は基本的にホテルと交通機関は別々で予約しています!!
なんとなく…制限が出てしまう気がして
リフィアさん質問ありがとうございます!!

TRIP 15 SHIZUOKA

# 静岡

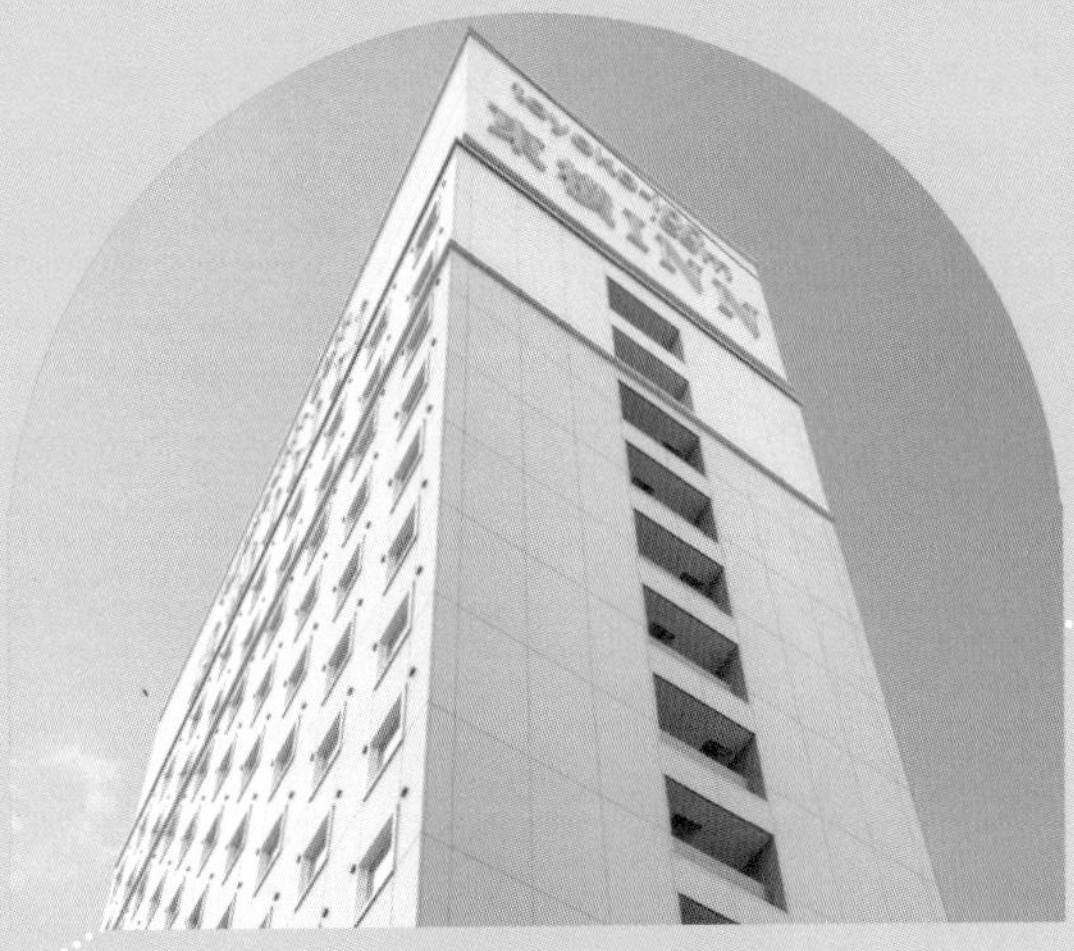

## 東横INN 静岡駅南口

ご予約はこちらから

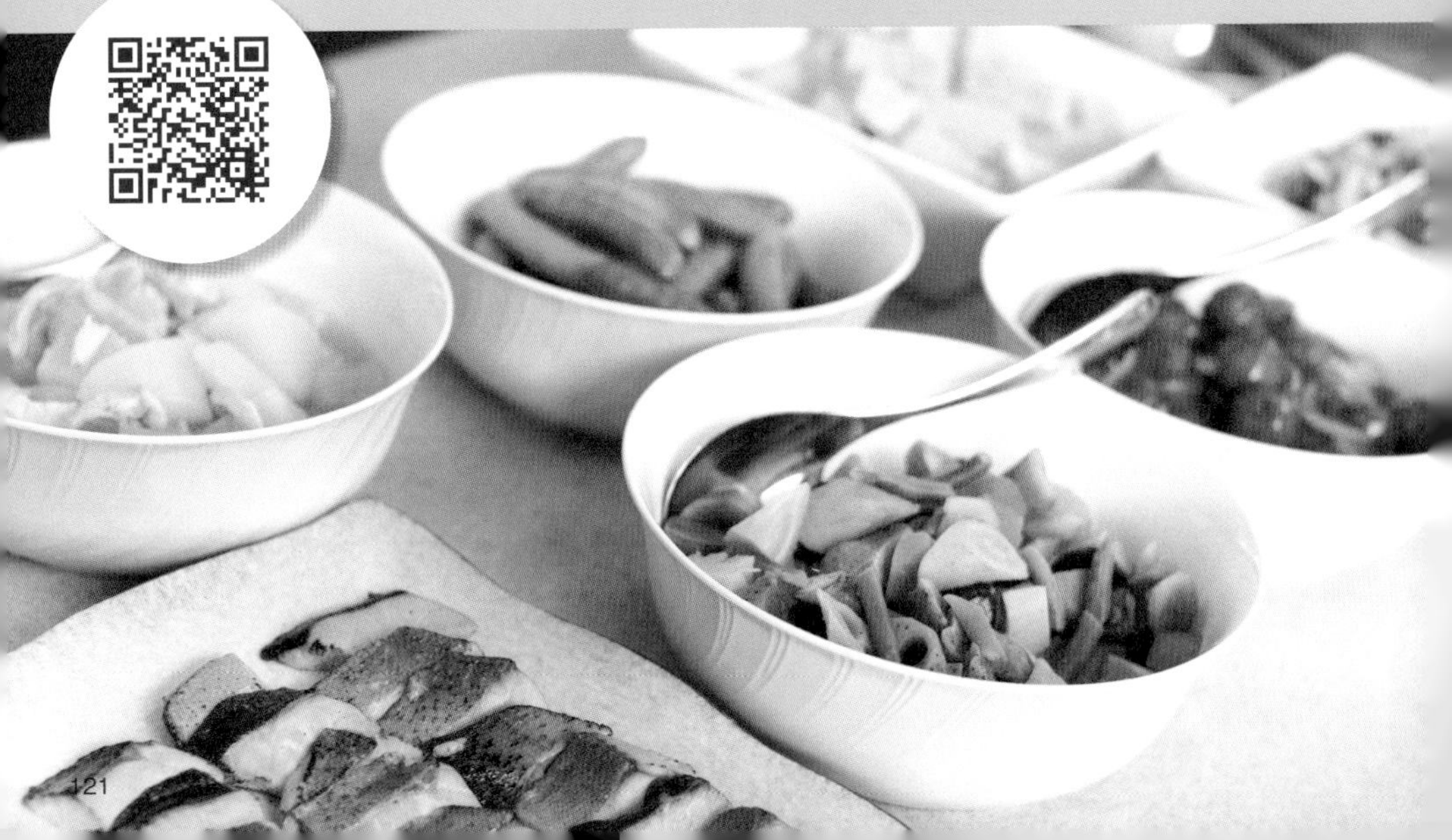

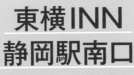

# 女性でも使いやすい！
# リーズナブルで清潔感のある部屋

新幹線に乗って静岡にやってきました！　静岡駅はＪＲ東海道本線や東海道新幹線など複数の路線が乗り入れており出張の方も多い場所なのではないでしょうか？

　ビジホ飲みを始めてから数々のビジネスホテルに宿泊してきた私ですが、そういえば東横インに一度も行ったことないな…！　と気づき、『東横イン静岡駅南口』を宿泊場所に決めました。

　価格変動が激しいホテルが多い中、東横インは常にリーズナブルな価格で快適な宿泊環境を提供することをコンセプトにしているのだそう。実際、客室はシンプルで機能的なデザインでありながら、必要な設備やアメニティが揃っています。また、どの館も完全分煙なので普段タバコを吸わない私にはとても嬉しいポイントです。

　ホテル運営客室数（２０２２年度調べ）は日本一だそうです。どの地域に行っても東横インはほぼ必ず見かけますもんね…！

　今回も地図を見ずに「看板が青い文字があれば東横インかな？」とアバウトな方向感覚でホテルまで行きましたが、無事到着！　ちなみに運営客室数日本一なだけに、静岡市内には南口以外にも東横インが2店舗あったりと、迷う確率はかなり高いので東横インに行く際は特にこのやり方はオススメしません（笑）。

アメニティはフロント横から必要な分を取っていくスタイル。洗顔料、化粧水、乳液など一通り揃っていました。

東横インの客層は男性客が多いのでは？と思い、なんとなく今まで宿泊を遠ざけていたのですが、今回宿泊した『プレミアムプラスルーム』はリファのドライヤーやヘアアイロン、エアウィーヴのベッドマットなど、贅沢なアイテムを常設した室数限定のお部屋。

部屋自体は〝ザ・ビジネスホテル〟といった雰囲気。シャンプーなどの備え付けのインバスケアのアイテムは壁に設置されていて手動のボタンを押して抽出するタイプ。今やなかなか見かけない懐かしさを感じさせる作りです。

静岡

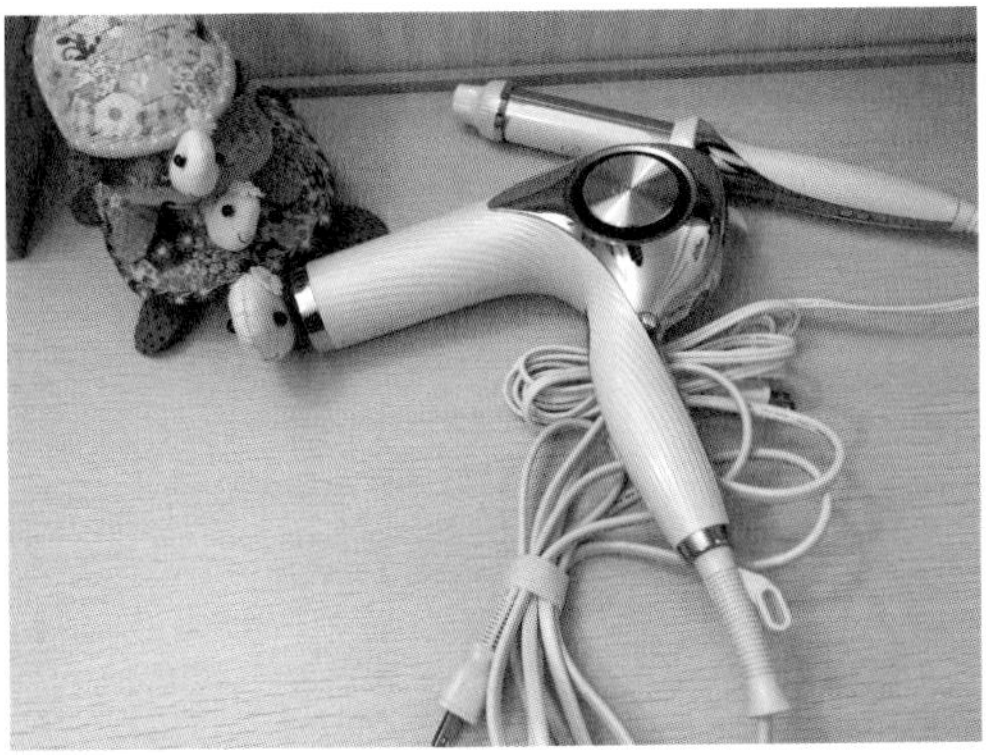

「せっかく地方に来たし、ご当地グルメでも食べようかな？」と思いましたが、静岡に着いたのは夜の21時頃。18時過ぎに仕事が終わり「余裕だ〜！」と思いながら新幹線で向かったのですが、意外と疲れてしまい、いつものフットワークの軽さが発揮できず。この日はビールとカップ麺を購入して食べました。なんだかんだ久しぶりのカップ麺だったためか「こんなに美味しかったっけ…？」とカップ麺の美味しさにびっくり。そしてカップ麺の会社の企業努力を改めて感じました。「私もこんな風にお客さんを笑顔にさせる仕事ができたらいいなあ」と思いながらこの日は就寝。

# Morning

朝食

＼コスパよし！／

# 安心の東横 INN 無料朝食

部屋に持ち帰り OK

ロビーではホテル側が無料で提供する朝食をとることができます。プランに関係なく誰もが利用できるのもありがたいですよね。無料なので、「おにぎりや菓子パンのような簡易的なものかな？」と予想していましたが、おかずなどの品数も充実しており、お酒の自動販売機がロビー横にあるので朝飲みもできちゃうかも!?（もちろん朝食時は混むのでサクッと済ませることを推奨します！）

また、用意されているパック容器に好きなおかずや汁物を入れ、部屋に持ち帰って食べることもできるので、お部屋でゆっくり食べたい人はこちらもいいかもしれません。

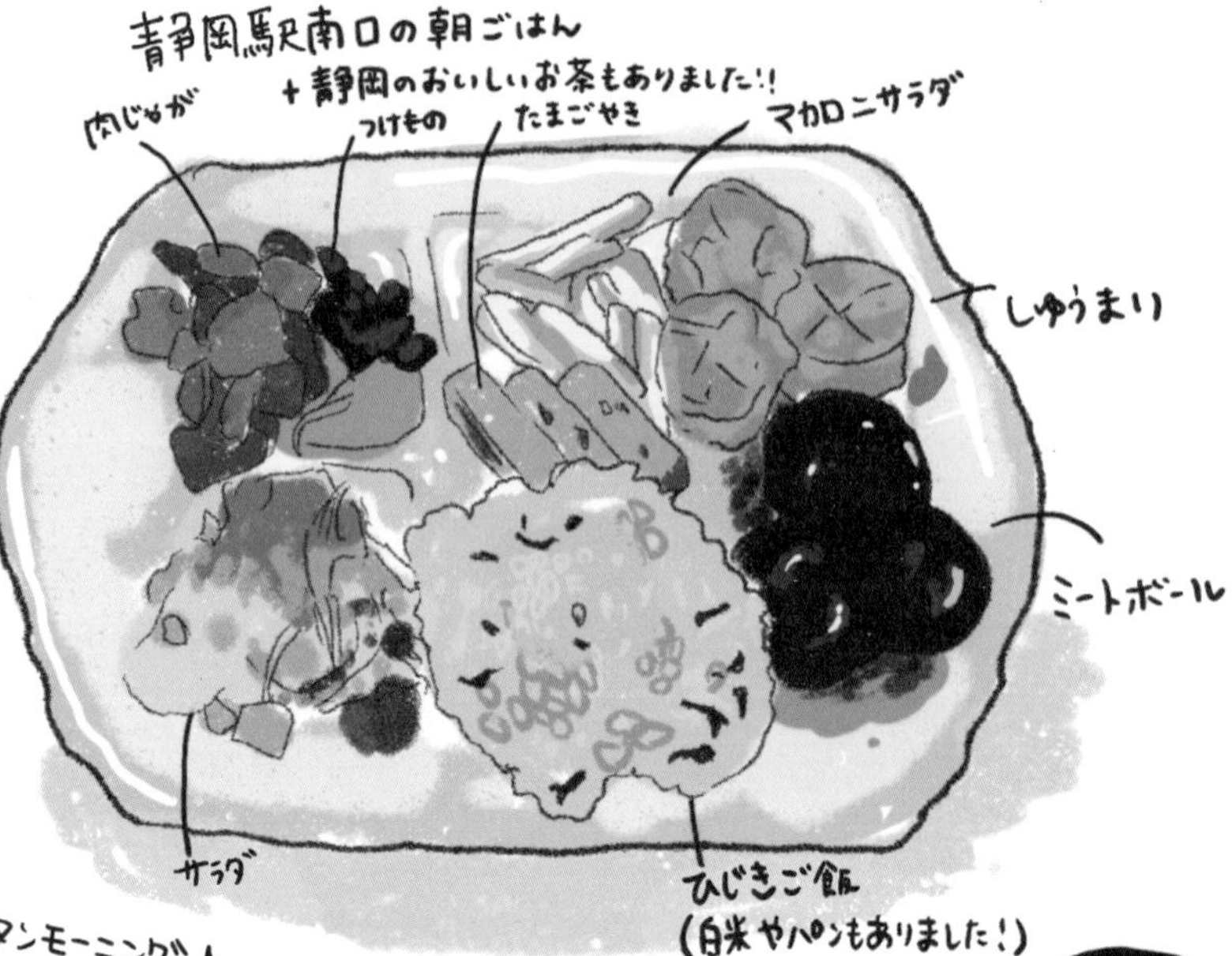
静岡駅南口の朝ごはん
+静岡のおいしいお茶もありました!!
肉じゃが
つけもの
たまごやき
マカロニサラダ
しゅうまい
ミートボール
サラダ
ひじきご飯
(白米やパンもありました!)

ナポリタンモーニング♪

朝食会場はロビーになります。
「無料」となっていたので、
あまり期待はしていませんでしたが
充分な量と品数でびっくり!!
会場で食べるのもOKですが
テイクアウト用のお弁当箱も
あるので、それに入れて
お部屋でゆっくり食べるのも
いいですね〜。

# 東横INNでクラブカードを作ろう!!!

チェックイン時に入会すると、
チェックアウトまでにはカード完成です。
チェックイン時に入会すると
当日から特典が適用されます!

**入会金／一般¥1,500　学生¥1,000**

① 10泊でシングル無料宿泊をプレゼント!!!

1 2 3 4 5
6 7 8 9 10
▷ 10泊で1泊!!

② カードの提示で宿泊料金5%オフ!!

毎日お得な
いつでも5%オフ♪

③ 会員カードを提示で簡単チェックイン

④ 6カ月前からご予約可能に!!
（通常5カ月前から）

⑤ 15:00チェックイン可能。

⑥ 会員カードがルームキーに!!

2023年12月19日時点

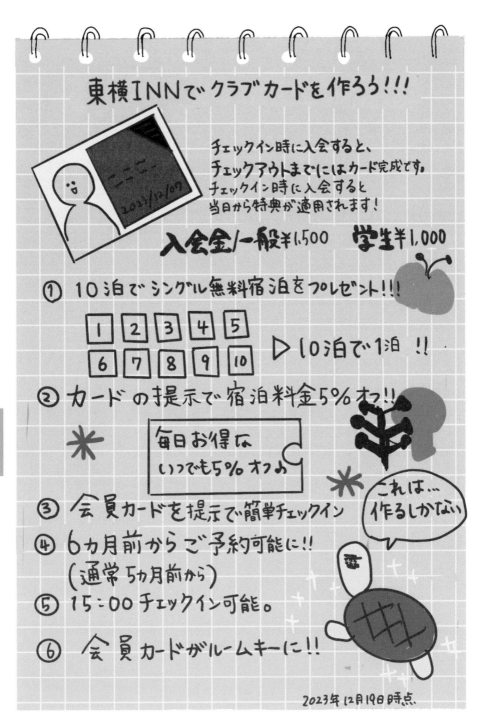

ぴや子によるぴや子のための自己満ページ

# ぴやコラム

## 年々好きだったことを忘れる

今回本を出版するにあたって、ちょこちょこ入っているイラストは自分で描いているわけなんですが、遠い昔はイラストレーターになりたいなあなんて思っていた時期もあって。絵に関しては、ちょっとした自信もあったのですが、久しぶりに描いてみると、全く描けないんですね…。

「あれ… 自分ってどんなイラストを描いていたっけ」みたいな感じで、本当に描けない…。

でもなんとかして描いていくうちに、高校生くらいまで、夢中でイラストを描いていたことを思い出し、

「私、絵を描くのが本当に好きだったなあ…。」

という気持ちが蘇りました。

小さい頃からなんでも飽きっぽい自分だったのに、イラストだけは描いていて、「将来は絵を描く仕事もいいなあ」なんて思いながら、ちょこちょこ雑誌に自作の漫画を投稿していたり。

でも現実的に、自分にそこまで才能がないのも分かっていて、いつの間にか絵を描くことから離れ、もう10年くらい描いていませんでした。

そんな中、本を出し、イラストを描く機会をいただいて、学生ぶりに絵を描く楽しさを感じることが出来ました。

しかし同時に、大人になるとあの時感じていた楽しいという気持ちや、好きだった情熱(?)をこうも忘れてしまうのかあ。という切なさを感じました。

ついでに初めて編集者さんに出したイラストはカバーにあるウニ軍艦です…(照)

TRIP 16 OSAKA

# 大阪

## 日和ホテル
## 大阪なんば駅前

ご予約はこちらから

# 便利が良く居心地が最高！
# 〝ザ・大阪〟を楽しめるホテル

部屋着は
セパレートタイプ
セパレートいいよねん

たこ焼き、お好み焼き、串カツ、肉吸い、豚まん…「大阪」と聞いて思い浮かべる食い倒れグルメは数知れません。特に肉まんが好きな私は、東京駅で旅帰りの人が551の手さげ袋を持っているのを見かけると羨ましくなります。

今回紹介するのは御堂筋線なんば駅から徒歩5分の「日和ホテル大阪なんば駅前」です。御堂筋線なんば駅はあの有名なグリコの看板がある道頓堀の最寄駅。最初は少しわかりづらいかもしれませんが、一度道を覚えたらスイスイ行けるようになります！

日和ホテルは本館と別館があり、私は別館に宿泊しました。すこし歩けば道頓堀、電車で2駅行けば天王寺動物園の最寄駅に行けるので、観光には非常に便利です！

また歩いてすぐの場所に551があり、テイクアウトも楽しめちゃいます！ 日和ホテルはウェルカムドリンクなどサービスやアメニティが充実しているのも嬉しい。部屋着は私の大好きなセパレートタイプ。着心地は抜群！

ビール♡
次はぼくにやらせて〜!!
旅の疲れをマッサージで回復
〜んら まだだめ！
ケチ!!! by亀
気持ちよさそう〜
ウイーン

シャンプーなどケア用品はPOLAで一式揃っています。使いきりの個包装ではなくボトルで用意されているので、ホテルでは複数回お風呂に入る私にとってとてもありがたい…！

大浴場はありませんが、客室のバス・トイレが別なのでゆっくり湯船に浸かることが可能。

そしてここにはフットマッサージャーが客室に設置されています！　旅行ではつい歩きまわってしまいがち。その日の疲れた足をしっかり癒しました。

以前大阪に行ったことがあり、なんとなく土地勘もあるので、ふらっと映画館に行ってみました。あらすじも知らない映画をわざわざ大阪で観たんです！(笑)　観光しないんかい！　とツッコミが入りそうですが、誰にも迷惑をかけずにやりたいことを自由に楽しめるのはひとり旅ならではですよね。何にも縛られず気ままに旅ができる素晴らしさ…。　結局映画のストーリーは途中まで理解できなかったのですが(!?)、とても楽しかったです。

宿泊した翌日の朝、窓を覗くときれいな朝焼けが。素敵な景色だったので、うるっときてしまいました…。

ちょっと涙が出た
なんばの
朝焼け…

Morning

朝食

＼ B級グルメ大集合！ ／

# 日和ホテル大阪のあさごはん

一番のお気に入り
とろろ+温たま+めんたいこ
\3杯おかわりしたらしい…/

Soft boiled egg

こちらが、日和ホテルの朝食です。なんと100品目！ シェフの心のこもった朝食は、大阪名物たこ焼き、揚げたてサクサクの串カツなど大阪を代表するB級グルメがもりだくさん！ また、ご飯とおかずをお椀に盛ってオリジナルのとろとろ丼ぶりを作ることもできちゃいます。おかずの種類が豊富なのでいろんな組み合わせが楽しめるのです。何種類か試した中で特に私のお気に入りは、とろろ＋明太子＋温玉の組み合わせでした！

## たこ焼き

大阪といえばたこ焼き！　大阪にはいたるところに有名なたこ焼き店がありますが、日和ホテルでは朝食からたこ焼きをいただくことができます。銀だこのような揚げたこ焼きではなく、本場のトロトロした食感を楽しめました。

## アクアパッツァ

朝からアクアパッツァをいただけるのは贅沢でいいですね。大阪旅行だとついつい粉物祭りになってしまうので、栄養を取るべくここぞとお魚を摂取します！　さっぱりとした味付けなのでもたれることもなく美味しくいただけました！

## 焼きそば

朝食ビュッフェにメニューでは焼きそばは定番ですね。あるとついつい食べてしまいます～！　特に粉もんの聖地である大阪で食べるものは格別に感じます。ソースがちょうどよく利いていて朝からジャンキー！

# とびだせ!! 大阪の街

道とんぼりと言ったら
これ!!というくらい
有名なグリコ
この前でポーズを
している人もたくさん
いました!!!

意地でも
飛び出したいという
強い意志を感じる
看板たち。どれも
個性豊かです。
ぜひお気に入りを見つけて
下さいね!

こちらは
カールおじさんが
飛び出しています。

見ているだけでも元気に
なれる道とんぼり。
さすが大阪!!と言った
かんじです。

今はなきカール。
カール前にはモニターがあって、
その前を通ると、モニターに写ることができるんです

ぴや子によるぴや子のための自己満ページ

# ぴやコラム

## 実用的な持ちもの

しつこい位言っていますが、「パンツ」さえあればどこでも行けると言いますが、色々なところを旅して、安心グッズを割と真面目に答えてみました!!
Part 2! let's Go～

正露丸
大幸薬品株式会社
セイロガン
においなく、のみやすい

### 常備薬

知らない環境に行くと、気持ちは元気
でも、疲労は蓄積されてしまうことがあると思います。
私は正露丸信者なので、絶対に持って行きます。
特にいくらお美味しくても、食べ慣れていないものを食べると体調を崩してしまいますからね。
ついでに、←こちらは視聴者さんが送くってくれた正露丸ストラップです。（可愛い）
あとは、胃薬、と鎮痛剤、よく転ぶので、バンソウコウなど持って行きます。あると安心。

### マスク

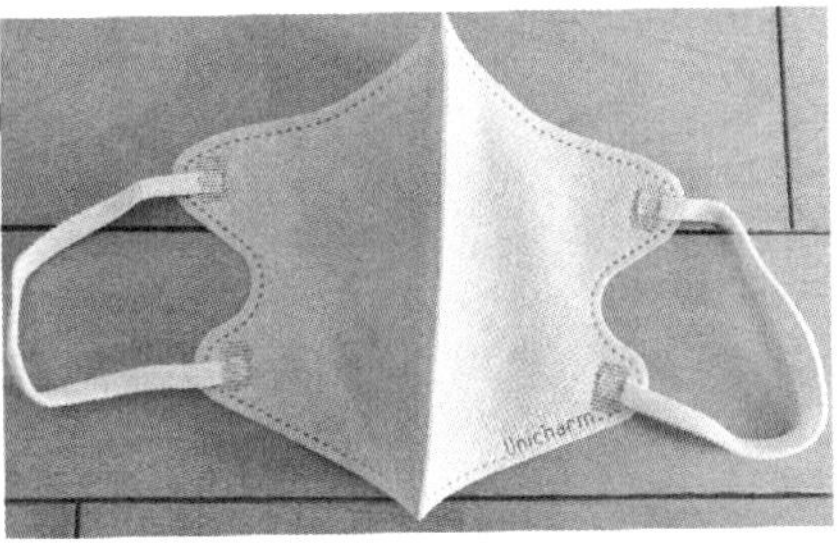

Unicharm


最近は、マスクをしていない人も増えてきましたが、新幹線や飛行機は乾燥しているので、喉が弱い人は持ってって損はないですよ～！

もこもこくつ下

だんだん寒い季節になると足が冷えます。足が冷たいと安眠できないので、冬は必ず持っていくようにします。

### ハンカチ

視聴者さんから頂きました
ハンカチも大切だけど
除菌シートも絶対です!!
食べ歩きにも便利


大阪

YouTubeを始めてから、コメントやDM、リプライ、etc 色々な
形で感想をいただけて本当に嬉しいです。
何回も見返えして、元気がでます。
何かをして、反応があるって、こんなに嬉しいんだなあと
日々痛感します。

お手紙を通って下さる方も本当にありがとうございます。
全部大切にしています!!

いただいたお手紙はできる限り、お返事をさせてもらっていますが、
なかなかすぐに出せず、すみません

お手紙っていいですよねぇ…。
その季節のハガキや切手を選ぶのも楽しいです。

いつもありがとうございます!
有名人になった気分です(笑)

TRIP 17 KYOTO

# 京都

## 山田屋旅館

ご予約はこちらから

# 景観もおもてなしも一流。京都の老舗旅館でまったり

今回は京都にやってきました！学生時代の京都の思い出はというと…。修学旅行で行ったはいいものの、そんなに積極的に京都という土地を楽しんだ記憶はないのです。あれから数十年経った現在も歴史や世界遺産などには詳しくはないのですが、ホテル飲みを始めてから一度も京都に行ってないことに気付き、旅することを決めました。今回の宿泊先はビジネスホテルではなく、老舗の『山田屋旅館』です。京都駅から徒歩10分、重要文化財の東本願寺の目の前にあります。大通りをまっすぐ歩くだけなので迷うことなく到着（私の体感だと10分より近い気がしました）。女将さんが丁寧なあいさつでお出迎えしてくださり、お部屋の案内をしてくださいました。私が選んだのは6畳のひとり部屋です。2021年にリニューアルオープンしたお部屋で、なんと障子はハート型！可愛くてテンションが上がりました。ハートのお部屋から予約が埋まっていくそうなのでご希望の方には早めの予約をオススメします。テーブルにはお茶菓子と緑茶があります。なんとこちらで振る舞われるお茶菓子の抹茶のサブレは日本の航空機ファーストクラスでも提供されたことがあるのだそう。すごく美味しくて緑茶

に合う！

宿泊した時期が春休みシーズン、かつコロナ禍の規制が緩和されたのもあってか外国からの観光客も増えて、かなりの人で賑わっていました。YouTubeを始めてから旅行は平日の静かな時間を選んでいたので久しぶりの混雑にすごく疲れてしまったのです。

そんなこともあり、お茶菓子や旅館の女将さん・スタッフさんのお心遣いがとても沁みました。「京都に来てからまだいろんなお店を周ることができてなくて、こんなんじゃ動画の素材が少なすぎるかもな」と二丁前にYouTuberならではの職業病を発症したものの、旅館の居心地が良すぎて身体が動きませんでした。ふとハートの窓を覗くと夕陽が見えてきました。うーん、もう今日は旅館を満喫しちゃおう！ 朝は日の出と共に起床し、宿の前にある東本願寺をお散歩しました。昨日の日中は人が多かったのですが、朝5時台はやはりほとんどいません。風も気持ちよく、ゆっくり楽しむことができました。友人との旅行でわいわいするのも良いですが、ひとりでゆっくりする贅沢も大事ですね。お寺にも神社にも普段は興味のない私ですが、自分の内に秘めていた侘び寂びの心が蘇りました。

＼山田屋旅館・厳選！／

# 全国の地酒を楽しむ

夕食は別個室または部屋食になります。今回は部屋食だったのでひとりで客室宴会スタート！ 駅近で夕・朝食付きなのに、値段がリーズナブル。これがひとり分?! というようなたっぷりの野菜と、美味しそうなきのこ（見たことない種類もたくさん）と霜降り牛が入ったしゃぶしゃぶ！ 食材についても一つ一つ丁寧に説明していただきました。

若女将さん曰く、山田屋旅館は「お酒好きに優しい宿」とのことです。これは私のための宿って解釈でよろしいでしょうか。

## はっさくホワイト

小麦を使用したホワイトビールです。八朔が爽やかに香り、フルーティーでゴクゴクと飲んでしまいました。とても飲みやすいので、柑橘系好きの方はぜひ飲んでみてください！ クラフトビールの紹介をしてくださったのは若女将さん。ワインのソムリエとコムラード・オブ・チーズ（チーズの仲間）の資格を持っているのだそう!

## 日本酒飲み比べ

日本酒の飲み比べセットでは瓶を５～６本持ってきてくださり、試飲をしながらメインで飲みたいお酒を選べます。その試飲もほんの少しではなく、その時の若女将さんの注ぎ方で量が変動します。お酒は甘口の日本酒から「ブラックスワンⅡ ダークフェニックス」をチョイスしました。全くクセがなく美味しいんです♪

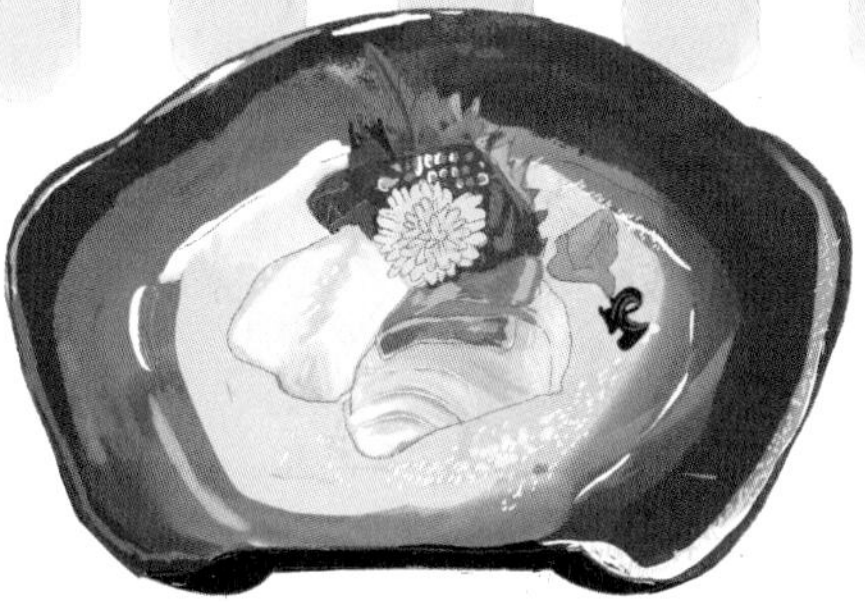

## お造り

お造りも先付けもとても美味しい！お造りはマグロやイカ、白身魚など厚い身の海鮮がキレイな陶器の小皿に乗って振る舞われました。先付けは上品な京都の麩を楽しむことができました。

## 霜降り牛ときのこと京野菜のしゃぶしゃぶ

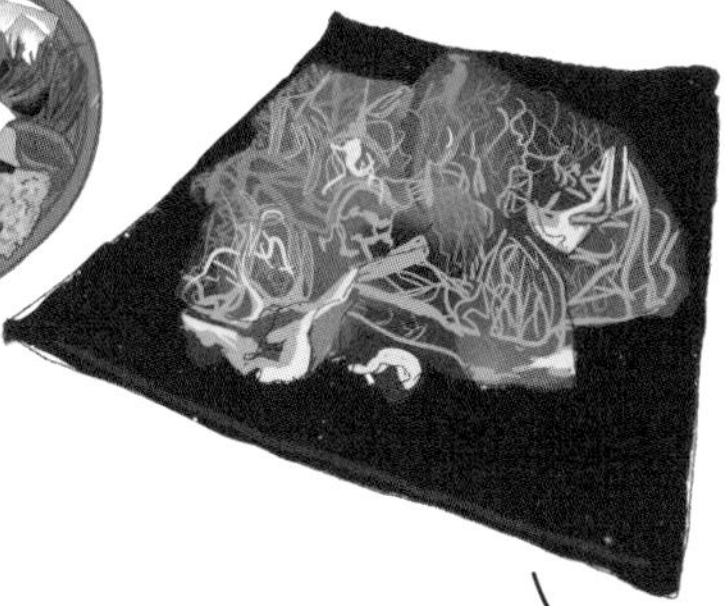

しゃぶしゃぶは京野菜ときのこから。最初に出された京野菜やきのこの量を見た時はこんなたくさん食べられるかな？　と思いましたが、あまりにも美味しいのでパクパクと食べることができます！　しゃぶしゃぶにして正解だ～！　旅行中はついつい野菜不足になりがちですが、山田屋では美味しいお野菜がたくさん食べられるので身体にも優しくて安心です。

# Morning

朝食

＼豪華な／

# 朝ごはん

手作り豆腐
全く臭みがなく、
本当においしい!!

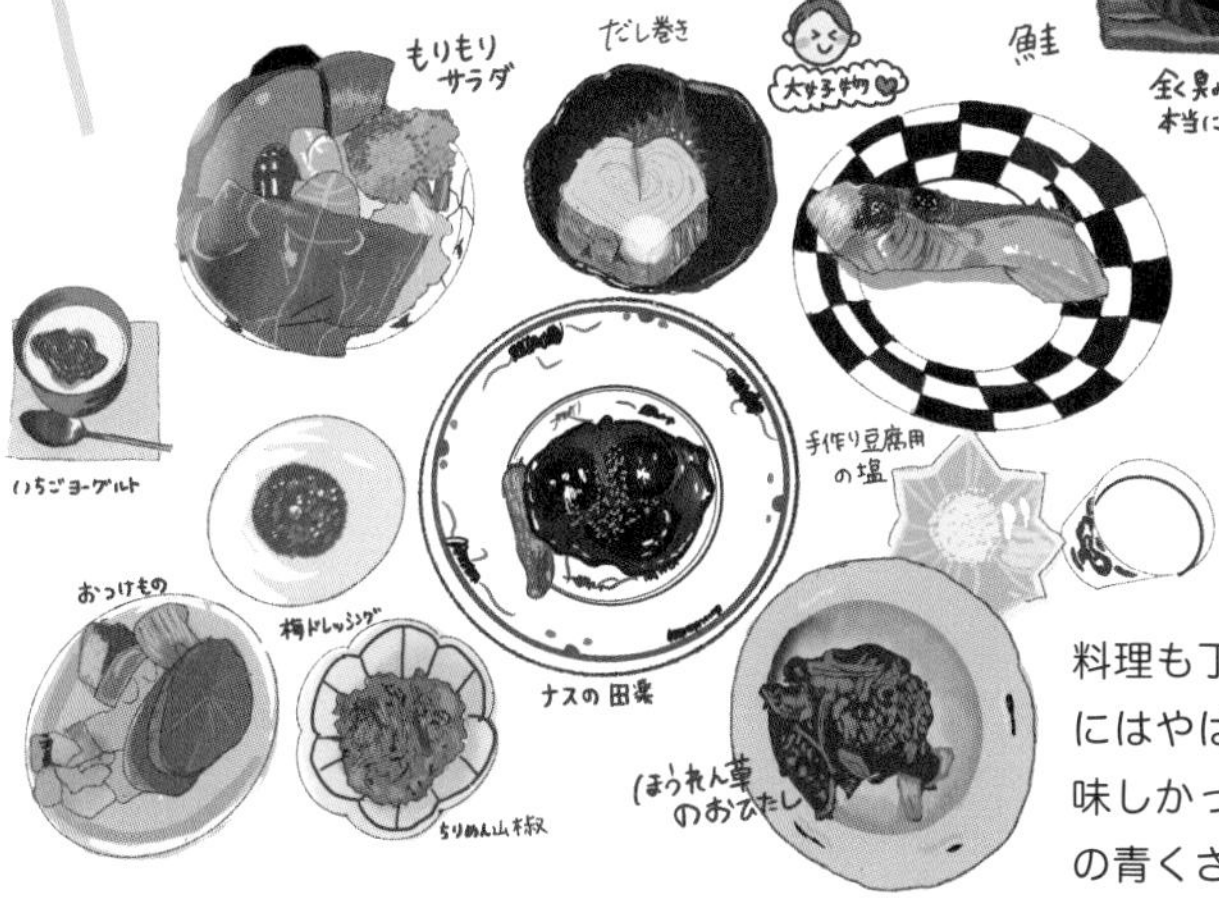
もりもり
サラダ
だし巻き
大好物
鮭
いちごヨーグルト
手作り豆腐用
の塩
おつけもの
梅ドレッシング
ナスの田楽
ちりめん山椒
ほうれん草
のおひたし

朝食はお食事会場の大広間でいただきました。朝からとても豪華！　京都名物の手作り豆腐まであります。多種多様なおかずが並んであり、目でも美味しいとはまさにこのことですね！　料理も丁寧に作られており、個人的にはやはり手作り豆腐がいちばん美味しかったです。臭みもなく、豆腐の青くささが全くしないんです!

＼ ちょっとひと歩き ／ 寺社仏閣めぐり

## 御髪神社

今回の京都に来た一番の目的は日本で唯一の髪の神様（ダジャレじゃありません）を祀る、嵐山の御髪神社。最近抜け毛と白髪が気になってきたので神様に頼るしかない…！　また、髪＝頭を守るものということで、受験や資格試験などの学業成就にもご利益があるのだそう。私は今回初めて知ったのですが、以前からテレビや雑誌などで多く取り上げられているスポットのようで、芸能人がロケに来た際に書いた絵馬なども飾られていました。大事な毛髪がこれ以上なくならないようにお参りし、毛髪にご利益があるお守りをしっかり購入。

## 伏見稲荷大社

事前に調べてはいたものの、あそこまでたくさん歩かなければいけないというのは想像を超えていました。普段全く運動をしない私にはかなりきつい階段と坂。体力の衰えをヒシヒシと感じました。

そして、伏見稲荷大社は、キツネの形の絵馬も有名。普段はなかなか絵馬を書く機会はありませんが、絵馬のデザインのかわいさに惹かれ購入。少し前なら絵馬を書くときは５つも願い事を書くような強欲な女でしたが、現在はただただ「健康第一」。健康でなければ、美味しいものも食べられない、お金があっても欲しいものを買えない。ただひたすら健康寿命が延びてほしいと願いました（笑）。

# Kyoto Trip

→真ん中のカメちゃんの首を描き忘れ…(笑)ちゃんと描きましたヨ!

伏見稲荷と
言えば…
「商売繁昌」
しっかり絵馬を
書きました!

絵馬はしっかり書きます。
自由に顔を描くのが楽しい。

買いました!!

やっぱり商売繁昌!!!!

伏見稲荷 近くの おばんざい。

清水寺

やっほー

— 竹林の径 —

山田屋旅館の方々と…
本当にお世話になりました!!

嵐山方面にも行ったり…

くもりでしたが…

ぴや子によるぴや子のための自己満ページ

# ぴやコラム

## ちょっとずつステップアップ

この間、某予約サイトの過去の履歴を見ていたら、YouTubeを始める1年前、河口湖にあるホテルでひとり誕生日会をしようと予約したものの、キャンセルをしたという履歴が残っていました。
そういえばこの時、
「誕生日だし、なにか自分にご褒美をしたい!! プチ贅沢しよ!」
と思って予約をしたものの、だんだん、1人で4万円のところに泊まるってどうなんだろ…と日が近付くにつれて気が引けて、キャンセルしたやつだったと思います。

いまでこそ、台湾や韓国など、近場ではありますが、海外にも行っています。が、新宿から電車で一本の河口湖にも行けなかったのかあと思うと、少し自分の成長を感じることができました。

まだ飛行機に乗るのはドキドキしますが、今は行きたいと思えば（都合さえ合えば）どこでも行けるようになりました。

これは近場のビジホに泊まるという経験をしたからなんですかね。
いや、それ以外理由は考えられませんね。

もし、ひとりでチャレンジしようと思っている方がいたら、近場から攻めてみるのはいかがでしょうか??
泊まりじゃなくても、ひとりご飯とか、ひとりプラネタリウム（有楽町のところはおすすめです）とかでもいいかもしれませんね。

気が付いたら一人で！どこでも行けるようになっているかも…!?

とは言え、
家でダラダラするのも
いいんだよねぇ…。

TRIP 18 TOTTORI

特別編

# 鳥取
## 境港

©水木プロ

詳細はこちらから

# 水木しげるの故郷を歩く

©水木プロ

みなさん境港はご存知でしょうか？境港市は鳥取県にある人口約3・3万人ほどの港町です。

　境港は羽田空港から米子空港（米子鬼太郎空港）までたった1時間10分で着きます。ＪＲの寝台特急「サンライズ出雲」に乗ると出雲まで10時間程かかるので、あまりにも早く着いたため本当にここは鳥取なのかな？と思ってしまいました。米子空港からは『ゲゲゲの鬼太郎』のキャラクターが描かれた鬼太郎列車に20分乗って境港まで行きます。この鬼太郎列車は6種類あり、時間に関係なくランダムに登場します（わたしは鬼太郎、砂かけばばあ、目玉おやじ、ねずみ男を見かけましたが、お目当てのねこ娘は見られず…）。そして列車のアナウンスはアニメ『ゲゲゲの鬼太郎』でキャラクターの声を担当されている声優さんがアナウンスしてくださるのです。

©水木プロ

列車から降りるとまるで水木しげる先生の描く漫画の世界かの如く、いたるところに鬼太郎たちが！　どこを撮っても水木しげるワールドなんです。

境港駅すぐの観光案内所で妖怪スランプラリー台帳を購入して水木しげるロードを満喫！

約800メートル続く道の至るところにスタンプが設置されています。直径8センチもあるスタンプは押しごたえ満点で、子供たちが小さい手で一生懸命押している姿も見られました。現在スタンプ台帳は立派な冊子になっていますが、以前は薄っぺらい120円の冊子が台帳でした。しかし夕方以降に道に捨てられていくスタンプラリーの台紙を見て「せっかく押してもらうなら押した後も大切な思い出に残るようなものにしよう」と現在の冊子になったんだそうです。

途中「ゲゲゲの妖怪楽園」にお邪魔しました。ここではフォトスポットはもちろん、昔懐かしの射的も楽しめます。喫茶スペースもあり、そちらでは『妖怪ラテ』をいただきました。ホットとアイスがあり、可愛いイラストを綺麗に撮りたいならアイスがおすすめ、とのことでアイスを注文。上のラテアートは好きなキャラクターが選べます。

夕日が沈んだら妖怪が現れる時間になります。地面を見ると鬼太郎たちの影絵が！　くっきり映るのでとても魅力的です。妖怪影絵の種類はかなり多かったのですが、なんとか全部写真に収めました。

日中は可愛いキャラクターがたくさんの楽しい街でしたが、夜になるとライトアップされたブロンズ像たちが怪しげな雰囲気を醸し出し、一変して妖怪の雰囲気になるのも面白い！

私が行った時は雲ひとつないとても良い天気でしたが、天気が良くても悪くてもその時々の四季を感じ、曇りや雨でもまた違った水木しげるロードを楽しむことができるのも境港の魅力だと感じました。

ちなみに今回の水木しげるロード巡りをお供してくれたのは音声ガイドコンテンツ「目玉おやじと行く夜の妖怪ぶらり旅」です。音声ARアプリ「Locatone（ロケトーン）」で事前にチケット（500円）を購入しておけば、目玉おやじが夜の水木しげるロードを音声などで案内してくれます！（注：期間限定）また、出没するキャラクターと一緒に写真を撮るコンテンツもあり！

©水木プロ

©水木プロ

＼ 酒飲みにうってつけ！ ／

# 境港グルメ

## 海《か》月《つき》丸《まる》

ベニズワイガニの水揚げ日本一の境港で食べるカニは絶品！　カニがどどんと乗っている海鮮丼です。見た目も迫力がありますが、見た目以上の美味しさです！　蟹味噌もたっぷり入っています。

## 冨《と》んや

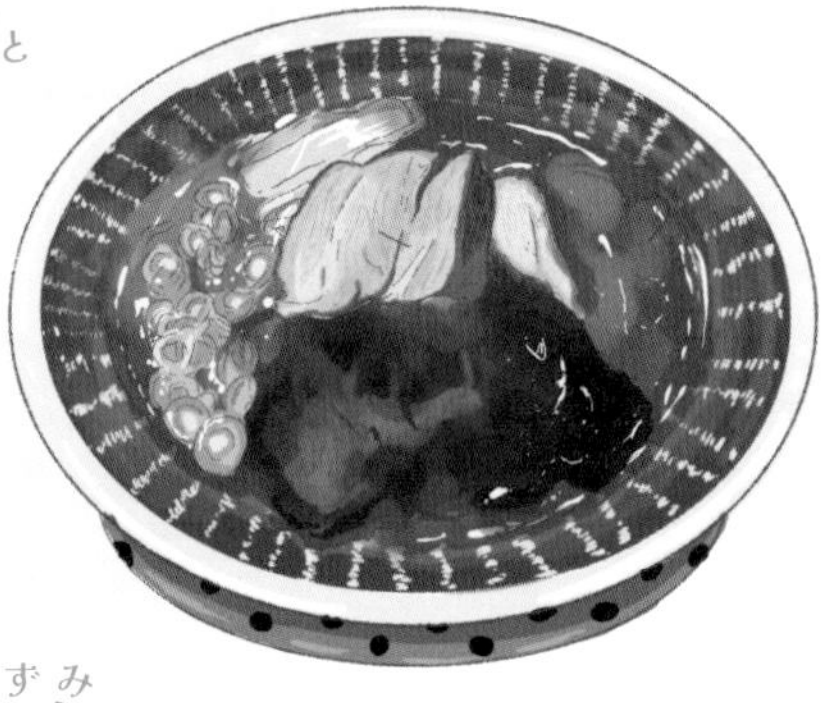

境港は豚骨ならぬ牛骨ラーメンが有名なんです。牛骨はクセがあると聞きましたが、その中でも特に食べやすい！　海苔をトッピングしていただきました。スープにも、優しい店主さんの人柄にもホッとします。毎日来ているという地元の方もいらっしゃるようです！

## 和泉《いずみ》

美味しいお魚で舌が肥えているであろう地元民がおすすめする和食居酒屋『和泉』。新鮮なお刺身を素早く捌いていただけます！　焼き物も煮物もなんでも美味しい！　明るいマスターとスタッフの方々、楽しい地元のお客さん方と美味しい料理やお酒を満喫しました。

## 鯖塩辛

鯖といえばノルウェー産がお馴染みですが、こちらも鯖缶は国産の美味しい鯖を使っています。そのままの状態でちまちま食べながらお酒を飲むのもよし、ほかほかの白米に乗っけて食べるのもよしの一品。

## 鯖ジャーキー

ビーフジャーキーならぬ、鯖ジャーキー。国産の鯖を使用しており、濃いめの味付けがお酒によく合います。トースターで軽く炙るものならついつい食べすぎて翌日のむくみは不可避！ 酒泥なおつまみです。

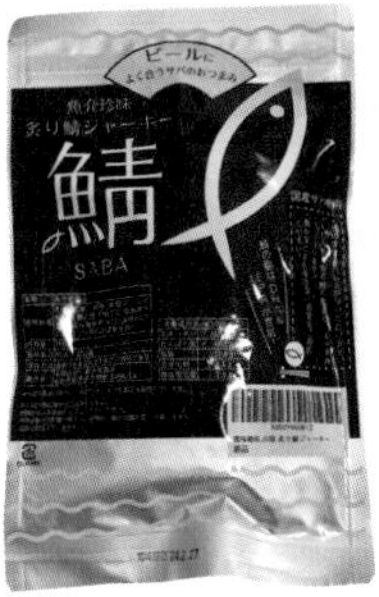


## 一反木綿のようかん・境港妖羹

一反木綿がデザインされているようかん。甘さ控えめで上品なお味。一反木綿のデザインが可愛いので切って食べて良いものか迷います(涙)。キャラクター系のお土産はあまりお味に期待しないところはありますが、境港の妖怪モチーフのフードはどれも間違いないです！

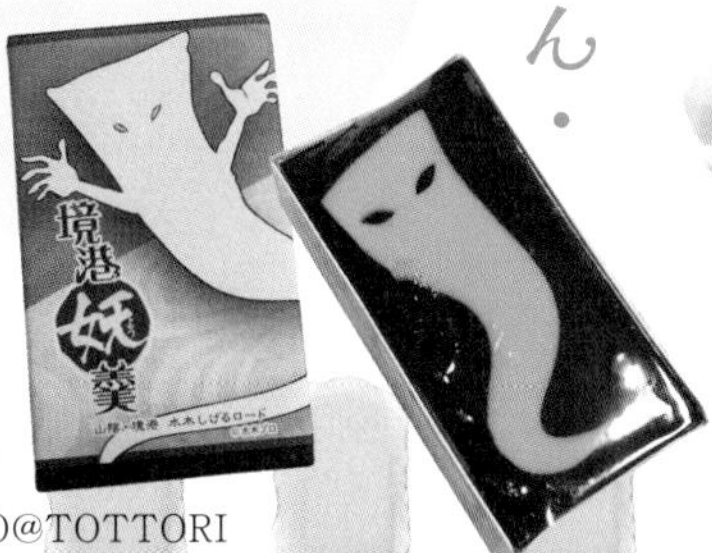


©水木プロ

## ねぎ坊主

「境港の特産・白ネギに因んだビールを作れないか」と開発された『境港シロネギエール ねぎ坊主』。鳥取県のブランド白ネギ「白州美人」のシードを使用した、白ネギを使った料理に合う最高のビールなんです。夜に先述の居酒屋『和泉』でいただきました！

## 妖怪おでん缶

一反木綿の形のこんにゃくが入ったおでん缶。元々は新幹線で食べられるように開発されたおでん缶ということもあって、汁が入っていないのに味はしみしみ。

©水木プロ

開けると1番上に一反木綿のこんにゃくが出てくるように製造にも工夫がされているそう。夜にホテルで飲み直すお供にもぴったり！

## 塩ソフトクリーム

美味しい塩ソフトクームを食べるなら境港です！ 味はバニラ、ミックス、塩の3種類。お酒好きな方には塩味がおすすめ。水木しげるロードを歩いて程よく汗をかいた体に塩ソフトクリームが染みました！

＼ 本当は教えたくない絶景スポット ／

# 美保神社周辺めぐり

午前中の天気がいい時間帯に美保神社へ向かいました。

美保神社は全国にある「えびす神社」の総本宮なんです！とても大きな拝殿。これだけ立派な神社は珍しいですよね。さすがえびす神社の総本宮！

そしてお隣には青石畳通りという通りがあります。海の音、葉擦れの音、鳥の声…静かで自然の音しか聞こえないこの場所は、なんだかタイムスリップしたかのような気持ちにさせてくれます。青石畳通りは雨に濡れると石がうっすらと青くなることから由来されているのだとか。この日はとてもいい天気だったので青い石は見られませんでしたが、雨の日には別の楽しみ方ができるっていいですね。

美保神社の周辺は以前、イカ焼きのお店があちこちにあり、常に街からイカ焼きの匂いがしたそう。ですが、コロナを機に少しずつ減ってしまっているみたいです。

そしてそこから車で10分ほど上ると、美保関灯台展望台があります。ここから見える海は本当にキレイ！撮影しながらレンズ越しに見ていてこんなキレイな場所があるのかと感動しながら写真を撮っていましたが、自分の目で見るとなおそのすごみがわかります。天気が良く穏やかに見える海も、よく見ると陸に上がる波はけっこう打ち上がっていたりしている。

そして日によって違う姿を見せてくれるのです。

こういった理由で運転ができる方であればレンタカーがオススメです。

ぴや子大好き！

# 境港のおすすめビジネスホテル

## やっぱり「野乃」しか勝たん！

最近、全国に「野乃」が増えてきましたが、私がいちばん好きな野乃はここかもしれません。まず境港という街に合ったコンセプトがお気に入りで、足湯が妖怪仕様にアレンジされています。露天風呂もすごく広くて、豪華なマッサージチェアも無料。移動で疲れた足を癒してくれます（日帰りで朝風呂・昼風呂の入浴が可能。詳しくは公式HPにて）。あと境港に来ると魚料理が中心になると思いますが、「野乃」の朝食は新鮮な魚はもちろん、洋食&中華とバラエティ豊かで何泊しても飽きが来ません。館内の夕食会場も連日大人気だったので、次に訪れた際は食べようと思います！

### 天然温泉 境港 夕凪の湯

### 御宿 野乃

ご予約はこちらから

鳥取

ぴや子によるぴや子のための自己満ページ

# ぴやコラム

## 縁ってあるんだなぁ編

もともと私は、サンライズ出雲で、出雲に行くつもりでした。
しかし、その時期は、全国の神様が出雲に集まる「神在月」という人気のシーズンだったため、サンライズの予約を取ることができず。
そんな時に見つけたのが「ゲゲゲの鬼太郎」の作者水木しげる先生の故郷、境港だったのです。
境港観行協会の方にお話を聞いたところ、びっくりする位歓迎して下さいまして、色々なお話を聞かせて下さいました。

撮影中は「自分たちは気にせず、好きに撮っちゃっていいからね〜」と言ってくださったのですが、時折写る、観光協会と書かれた襷がチラチラ写ってしまい、笑っていました(笑)

水木しげるロードを通ると、みなさん本当に素敵な笑顔で接客されている姿が印象的でした。

実は私、水木しげる先生の第二の故郷である調布市深大寺に住んだことがありました。住んだ時期は短いのですが、そこでは今の人生と直結するような濃い思い出がたくさんありました。もう10年前のことだったので、すっかり忘れていましたが、今回水木しげる先生の故郷である境港に行けたのも、何かの縁なのかなあと、不思議な気持ちになりました。

最初は、どんな街なんだろうとドキドキして行きましたが、帰京する頃には、すっかり境港の虜になってしまいました。居酒屋で聞いた話、お土産屋さんで聞いた話、工場で聞いた話、どれもグッとくる話ばかりで、また絶対に行きたい！と思う大好きな場所になりました。

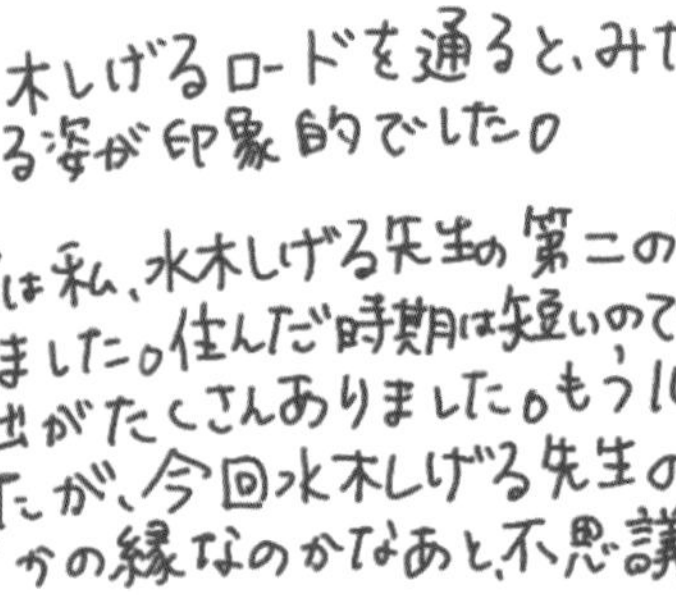

調布市にある深大寺
←フォルダを見返えしたらありました。
また行こう…！！

# ぴや子の
# 全国47都道府県ビジホリスト

by　ぴや子&視聴者のみなさまのオススメ!

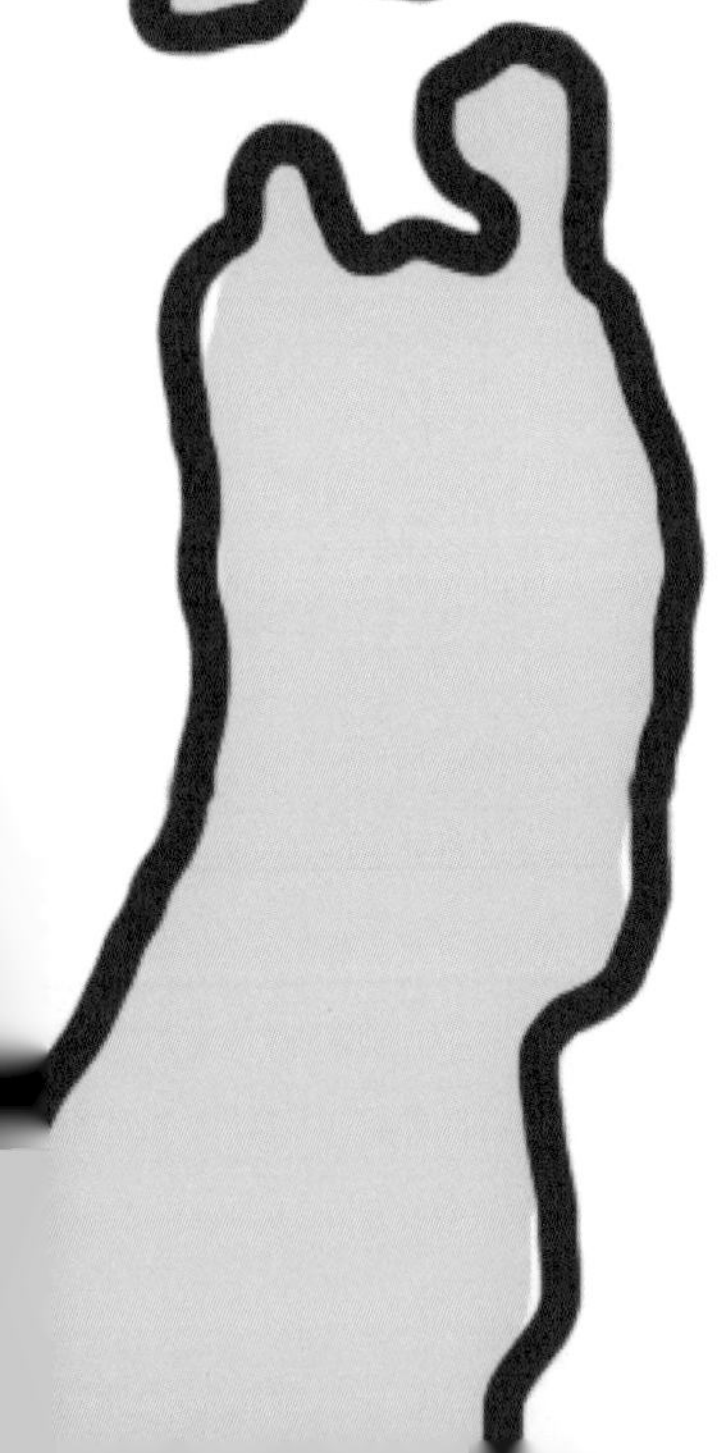

**北海道**

## アパホテル〈TKP札幌駅前〉

不慣れな土地ではやっぱりアパホテルが安心。丁寧な受付対応はアパファンの中でもお墨付き！

**岩手県**

## ダイワロイネットホテル盛岡

盛岡駅から徒歩15分かかりますが、繁華街の中央にあるので食事や観光を楽しみたい方におすすめ。

**宮城県**

## ホテルグランバッハ仙台

JR仙台駅東口より徒歩約5分で観光にも最適な立地！ご当地のお夜食が食べられる嬉しいサービスも。

# 北海道・東北

青森県

## まちなか温泉
## 青森センターホテル

青森駅前唯一の自家源泉が流れているホテル。朝食では現地のりんごを使ったジュースも飲める！

秋田県

## ホテルメトロポリタン秋田

メトロポリタンの強みは「駅直結」。シモンズ社製ベッド、加湿空気清浄機、携帯電話充電器などアメニティも超充実！

山形県

## 山形国際ホテル

ビジホ愛好家の中でも「朝食最強」と評価が高い和洋バイキングをご堪能あれ。駅から徒歩5分の立地も嬉しい。

福島県

## ホテルサンキョウ福島

広い部屋がポイント。県庁のすぐ近くなので出張にもオススメ。繁華街にも近く、周りに美味しいラーメン屋さん多数！

栃木県

## スーパーホテル宇都宮

朝食ビュッフェで餃子が食べられる！清潔感があり過ごしやすいのでスーパーホテル初心者にもオススメ。

群馬県

## ラビスタ草津ヒルズ

人気急上昇のラビスタブランド。草津温泉初の最上階温泉眺望浴場！　童話をテーマにしたコンセプトの客室が人気。

茨城県

## HOTEL BESTLAND

出張族御用達。つくばエクスプレス「研究学園駅」より徒歩1分。綺麗な大浴場とサウナで身も心も整う。

埼玉県

## 浦和ワシントンホテル

埼玉スタジアム、さいたまスーパーアリーナで観戦の際はここ一択！　直結の地下駐車場もとても便利です。

千葉県

## ホテルミラコスタ

もはや説明不要。東京ディズニーランドと東京ディズニーシーで遊ぶならこちら。私の動画で復習してくださいね！

# 関東

## 東京都

### リッチモンドホテルプレミア東京スコーレ

サウナ付きのお部屋、本がたくさん置いてあり読み放題のお部屋など、＋αの楽しみ方ができる「体験型」ホテル！

## 神奈川県

### 横浜ベイホテル東急

ちょっとリッチな気分で横浜みなとみらいを満喫できるホテル。夜景、中華、映画館、遊園地までスポットたくさん！

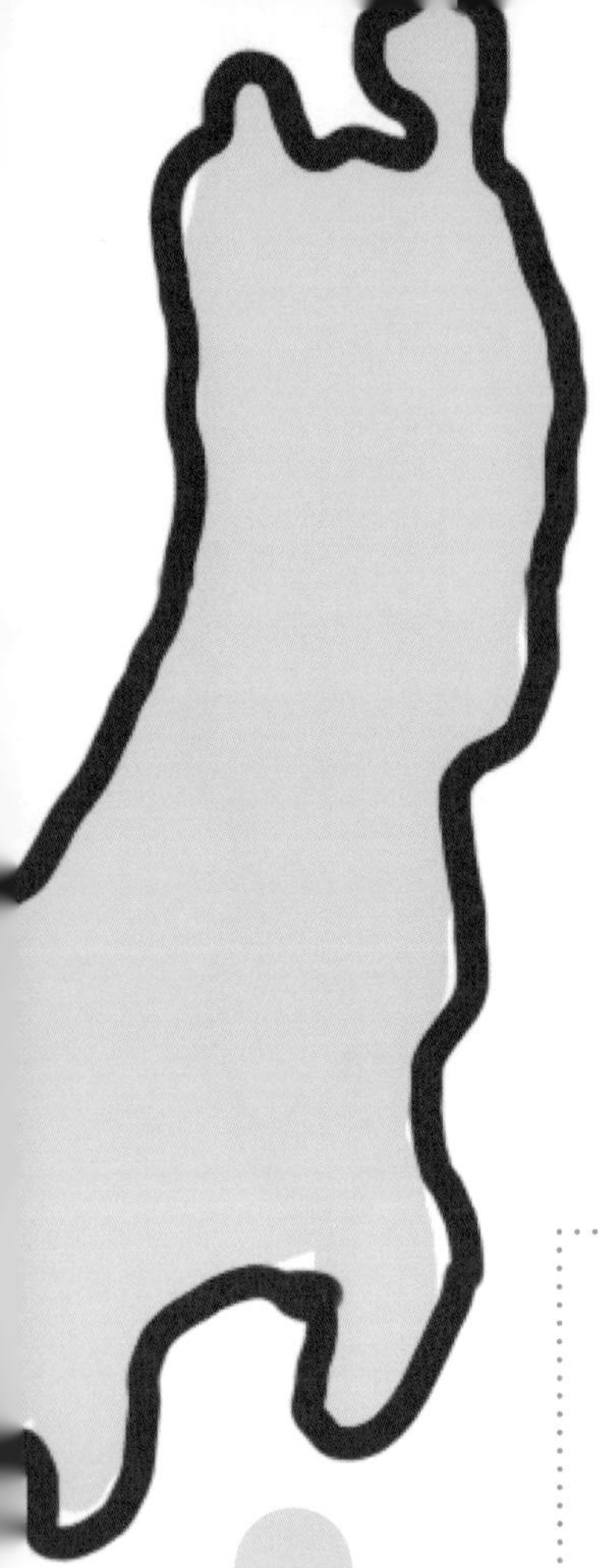

# 中部

## 長野県

### 天然温泉ホテル　リブマックスPREMIUM長野駅前

サウナ完備の温泉も充実。激戦区長野駅前でもコスパ最強と噂のホテル。〆は近くの『らぁめん みそ家』で決まり！

## 山梨県

### 天然温泉　甲斐路の湯ドーミーイン甲府

甲府の街を一望できる温泉とプライベート感溢れる部屋は極上！我が家に住んでいるような不思議な感覚に包まれます。

## 愛知県

### スーパーホテルPremier名古屋天然温泉桜通口

JR名古屋駅より徒歩8分と好立地！　朝食ではあんかけパスタなどの名古屋名物や店舗で焼いた出来立てのパンも楽しめる。

## 静岡県

### 伊東温泉ホテル サンハトヤ

伊東と言ったらやっぱりサンハトヤ。魚が泳ぐお風呂と露天風呂、温泉プール、ディナーショーと気分は竜宮城！

## 富山県

### 東横ＩＮＮ富山駅新幹線口Ⅱ

文字どおり富山駅南口より徒歩2分。「東横ＩＮＮ富山駅新幹線口Ｉ」よりもさらに駅から近いので女性の方にはおすすめです！

## 新潟県

### アパホテル＆リゾート〈新潟駅前大通〉

新潟市最大となる1001室のメガホテル。朝食は炊き立ての魚沼産コシヒカリなど40品目以上のビュッフェ！

## 石川県

### 天然温泉　加賀の湧泉 ドーミーイン金沢

金沢駅すぐ！　目の前に映画館が入った商業ビルもあり〝おひとりさま旅〟にも最適！夜鳴きそばをご堪能あれ。

## 福井県

### 福井マンテンホテル駅前

「北陸といえばマンテン」というリピーター続出。ピカピカの清潔感と全室禁煙が嬉しい！すぐそばにコンビニもアリ。

## 岐阜県

### コンフォートホテル岐阜

JR「岐阜駅」、「名鉄岐阜駅」からアクセス良。朝食は無料ビュッフェ。ビジホなのに小学6年生まで添い寝無料は神！

京都府

## リッチモンドホテル プレミア京都四条

茶道、利き酒などの館内体験イベントも充実。四条烏丸駅より徒歩約７分でアクセスも◎　自分へのごほうびに！

滋賀県

## スーパーホテル大津駅前

安心のビジホブランド。琵琶湖観光にもうってつけ。大津駅までは徒歩５分で京都駅までは電車で約10分という快適さ！

兵庫県

## 神戸ホテルジュラク

2021年オープンのピカピカホテル。神戸のベイエリアが堪能できる上層階と朝食の手作りサンドイッチがおすすめ！

三重県

## コンフォートホテル伊勢

三重県といえばやっぱり伊勢神宮。参拝で疲れた体に無料朝食ビュッフェのお茶漬けが染み渡る。清潔感も◎

奈良県

## 天然温泉　吉野桜の湯　御宿　野乃奈良

近鉄奈良駅より徒歩10分。茶粥や柿の葉寿司など朝食は奈良名物が充実。奈良と野乃の雰囲気が見事にマッチ！

# 近畿

**大阪府**

## なんばオリエンタルホテル

観光地・なんばのど真ん中。「なんばグランド花月」前にある『わなか』でたこ焼きを買ってビジホ飲みは鉄板コース！

**和歌山県**

## ダイワロイネットホテル和歌山

歴史好きの方にぜひ泊まってほしいビジホ。和歌山城の目の前！水回りの徹底した清掃＆清潔感は好印象です。

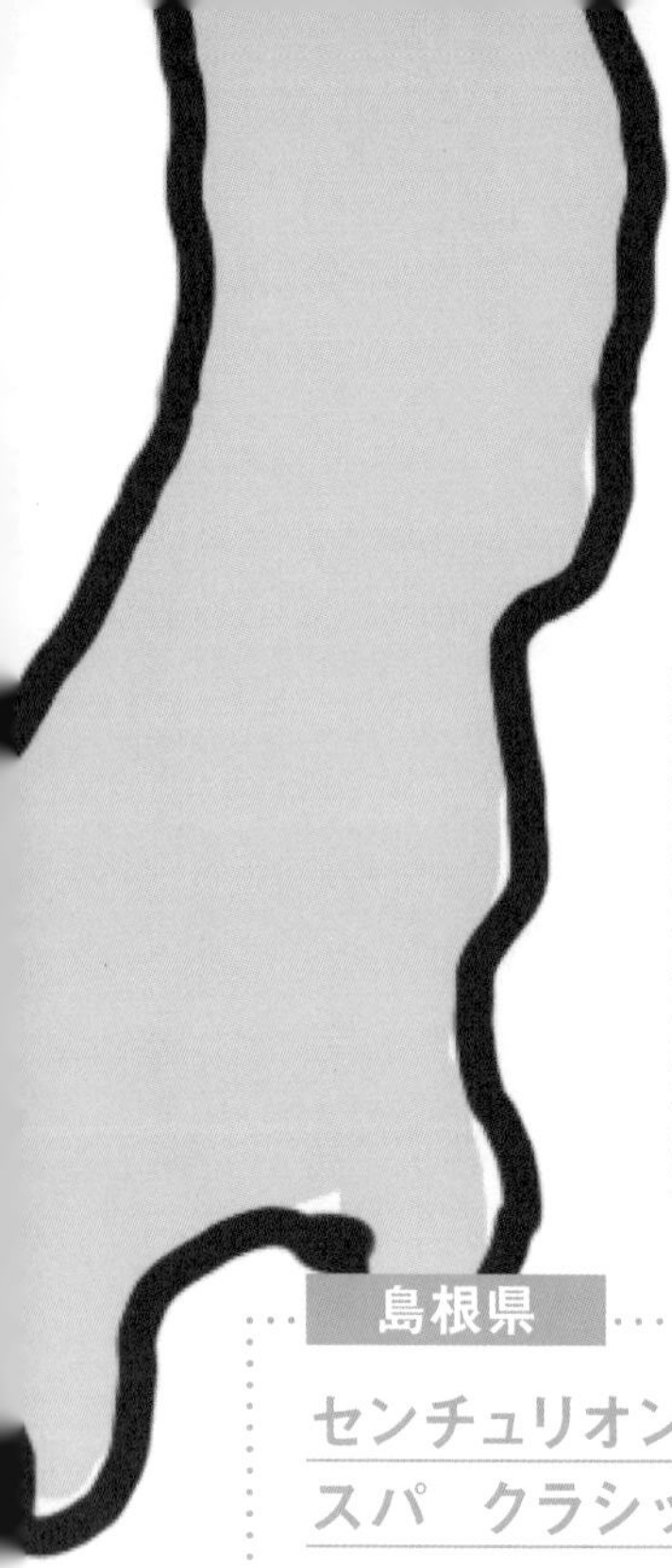

# 中国・四国

## 鳥取県

### 天然温泉　境港　夕凪の湯　御宿　野乃

遠いようで実は近い鳥取県。ぴや子の推薦は境港市の水木しげるロード。スタンプラリー完走後はホテルでゆったり。

## 島根県

### センチュリオンホテル＆スパ　クラシック出雲

縁結びの出雲大社に行くならこちら。大浴場はもちろんサウナ＆水風呂も完備！　新しくてお部屋もひろびろ～！

## 岡山県

### ホテルグランヴィア岡山

グランヴィアといえば駅から直結！ラグジュアリーな雰囲気で夕食も落ち着いた和食のコースが楽しめます。

## 山口県

### 天然温泉　白狐の湯　スーパーホテル山口湯田温泉

山口のおひとりさまといえば湯田温泉ですが、こちらのはホテルも天然温泉！　ウェルカムバーがお出迎え。

## 広島県

### KOKO HOTEL 広島駅前

駅からちょっと歩くけど、お値段はとてもリーズナブル！すべてがシンプルなので出張の際に泊まってほしいホテル。

## 愛媛県

### 県庁前 ホテルアビス松山

朝食は無料とは思えないほど充実したバイキング形式で、野菜の種類は豊富！明るいフロント対応も大好きです。

## 香川県

### 高松東急REIホテル

ひとことで言えば〝女性にやさしいホテル〟。話題のシャンプーバーはここだけ？コンビニが1Fにあって安心です。

## 徳島県

### リゾートホテル モアナコースト

なんと全客室露天風呂＆プライベートサウナ付き！館内レストランからは海を一望できる贅沢ぶり。

## 高知県

### 高知パレスホテル

ひときわ大きなホテルでひとり旅も安心・安全。アパホテルのポイントが貯まるのも◎。食事は「ひろめ市場」で！

**福岡県**

## JR九州
## ステーションホテル小倉

小倉駅直結。チェックインが超スムーズ！　新幹線移動で疲れたときに最適。博多や大分、宮崎へのアクセスも便利。

**大分県**

## JR九州ホテル
## ブラッサム大分

大分駅すぐ。屋上の360°見渡せる展望露天風呂が絶景＆最高！　同じ商業ビル内に映画館もあり至福の時間を満喫できる。

**宮崎県**

## ホテルルートイン延岡駅前

実はリゾートホテルが多い延岡で「コスパ最強！」と名高い。駅近、無料朝食バイキング、大浴場と至れり尽くせり。

# 九州・沖縄

## 佐賀県

### アパホテル〈佐賀駅南口〉

やっぱり泊まっちゃいます、アパホテル。周りに居酒屋さんも多く夕飯に迷うほど。朝食は館内の綺麗なレストランにて。

## 長崎県

### JR九州ホテル　長崎

偏ってしまいますが、やはり不慣れな地は駅から近いJRホテルが私は安心！　朝食は地元の食材を使った和定食がオススメ。

## 鹿児島県

### リッチモンドホテル鹿児島金生町

ぴや子のおすすめは離島の旅。こちらのホテルは港まですぐ。４名部屋まであるので家族旅行にもうってつけ！

## 熊本県

### ホテルサンルート熊本

熊本城観光の定番！　繁華街の中に位置するのでとても便利です。熊本郷土料理が出揃う朝食を食べて出かけましょう～。

## 沖縄県

### ダブルツリーｂｙヒルトン那覇首里城

那覇だけはちょっと贅沢に。お部屋が広くてバカンス気分を味わえます。早めに予約すればお安く泊まれるプランも！

基本家とは変わらずのんびりしています!

Q. 旅行先を決める決め手を教えて下さい!〈30代女性 ななまる〉

シンパシーを感じたらいきます!!

Q. ぴやこさん大好きです!　旅行先で1番大事にしていること、優先事項はなんですか?〈あーちゃん〉

私も大好きです!　予定を詰め過ぎず(といっても詰めていますが)のんびり過ごすようにしています!

Q. 旅行先での行くお店(飲食店など)はどうやって決めていますか?〈ツザキ。〉

視聴者さんのおすすめと食べログです!

Q. 荷物が多くなりがちなのですが、荷物を少なくする工夫が知りたいです!〈なべ〉

いろんなものを持って行って、段々と旅行に必要な優先順位がわかると思います!

Q. 旅行を予約する時にココは外せないって事ありますか?拘りみたいな感じで。〈イガラシケイコ〉

やっぱり朝食!　ビュッフェでもインルームでも美味しいのがいいです!　美味しいご飯はその日の活力になるので。

Q. ホテル・宿を選ぶ基準はありますか?あれば基準やこだわりなど教えて下さい。〈はたぼん〉

面白いイベント?　や、催しをやっているとつい行きたくなってしまいます!

Q. 観光地や旅先の飲食店は何を参考にして行っていますか?〈ぴやーず1期生かお♪〉

食べログ・視聴者さんのおすすめです!

Q. 地域別の良かったホテルとか知りたいです。〈ぴやーず1期生かお♪〉

境港の野乃は1番良かった〜!

Q. 何を重視してホテルや行先を決めますか?〈ぴやーず1期生かお♪〉

迷ったら有名どころに予約しちゃいます!

Q. 旅行の申し込みや計画は何日前にされますか?私は4、5ヶ月前で結構早めに予約します。〈まぁさ〉

素敵ですね!　私はその日ばったりで決めたりします!

Q. 書籍がドラマ化されたらぴや子さん役はどなたに演じて欲しいですか?〈豆菓子〉

おこがましいですが、安藤サクラさんです…絶対無理wwww名前出すにもおこがましい(大ファン)。

Q. 四国にも来てくれますか?　あと1度は行きたい場所は?〈ヒゲ〉

四国大好きなのでまた行かせてください!!

Q. 旅慣れる前と、現在と持ち物の〈加藤忍〉

早朝出発が多いので出来るだけ寝ます!

Q. なかなか旅行に行けない人へ、ここだけは行ったほうがいい!というのを教えてください。〈あやちけ〉

自宅からアクセスがいい観光地に行ってみるのはどうでしょうか!?　遠いと移動だけでも疲れちゃいますよね。

Q. ホテルを選ぶ時のポイントは?〈ちょこころね〉

朝食です!

Q. 旅行先を決める上で1番のポイントになるのは、食?観?〈たぬたぬさん師匠〉

食です!　観光は二の次かもしれません。

Q. 家族旅行の予定はありますか?その時にコロ太郎も一緒に行きますか?〈ぴや子さんのファン〉

コロちゃん(実家の犬)はお留守番が多いですが、家には誰かしらいます!

Q. グランピングリゾートを利用する予定はありますか?〈ぴや子さんのファン〉

土が苦手なのですが…やってみたい。

Q. 国内で一番おすすめの都道府県とその場所のおすすめはどこですか?〈ゆりぱん〉

境港!　どこで食べても美味しい!!

Q. 飛び込みで美味しいお料理屋さんを見つける秘訣は?〈香取綾子〉

視聴者さんに聞いたり、地元の方に聞いたりします!

Q. 旅先のごはん屋さんは、どうやって調べますか?〈きくじろう〉

食べログ・視聴者さんからのおすすめです!

Q. 旅行先はどのような感じで決めていますか?　直感ですか?〈きくじろう〉

直感です!

Q. いつも楽しく拝見しています。旅行の時1番気をつけていることはなんですか?〈おみん〉

台湾で事前準備の大切さを知ったので、海外旅行の際はしっかりチェックします!

Q. 旅の裏技があれば教えて下さい〈30代女性 ななまる〉

早めに予約すると、グリーン車が安く購入できる!

Q. もう一度いきたい旅行先を、3つ選ぶとしたら?〈30代女性 ななまる〉

絶対境港!!!　大好き!!　毎月行って美味しい海鮮と酔っ払ったおじさまたちとワイワイお酒飲んで過ごしたい!!

Q. ぴやこさん流、旅先でのおすすめの過ごし方があれば教えて下さい。〈30代女性 ななまる〉

## 旅に役立つ?! 視聴者さんからの質問にぴや子が答える

# 一問一答コーナー

※敬称略

Q. どんな基準で宿ホテルを選びますか?〈こうめちゃん〉

朝食は1番重視します!　朝食が美味しいと元気が出るので。

Q. 一週間の休みが取れたとして、北海道であればどこに行ってみたいですか?〈みすた。〉

知床あたりに行きたいです!

Q. おすすめの温泉旅行は何処ですか?(風呂不死)

別所温泉は凄くよかったです!　のんびりできました!

Q. 必ず持って行く必需品5個教えてください。〈ゆう☆しー〉

スマホ…替えの下着!?　くらいでした!

Q. 行き先を決める時のポイント。目的、計画しっかり立てますか?〈a-yama☆Girl〉

アバウトに決めて、新幹線でなんとな〜く計画を立てます。

Q. ホテル選びでこれは絶対外せないポイントある?〈a-yama☆Girl〉

朝食が美味しそうか!

Q. ホテル決める基準教えて下さい。〈寸胴おじさん〉

旅行なら立地、都内なら価格とサービスが大きくずれていないか!?

Q. 旅行先での食事のお店選びのポイントはなんですか?〈でしゅ〉

視聴者さんに聞きます!　あとは食べログをみます。

Q. 旅行の計画は何日前ぐらいから立てていますか?〈せほ〉

絶対行きたい場所は前々から目星は立てますが、あとはなんとな〜く決めます。

Q. 旅行に必ず持っていく品はありますか?(カメ以外w)〈SAYA〉

スマホです!

Q.旅行に行こう!　と思って行動に移す時はどんな時ですか?ぴやこさんの行動力に憧れています。〈ちひまる〉

なんか疲れた〜〜と思ったら行きます!　でも本当に疲れてたら旅行すら行かず、ひたすら寝ています。

Q. 旅行に行く前日は寝れますか?

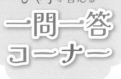

バリ。韓国。台湾。グアムなど行きました。

Q. 一人旅におすすめな場所（国内、海外）三選くらい。そこでおすすめのお店。〈ていてい〉

住んでいる場所によりますが、最初は移動距離が短いのがいいかも。台湾・韓国派近いし、食文化も馴染みやすいです。

Q. パッキングは何日前にやりますか？〈まゆ〉

当日です。

Q. 撮影中に困ったことやトラブルはありますか？〈みぐ〉

データーを紛失しました…

Q. まだ行ったことがないんだけど、ここでお酒飲んだら最高に楽しいだろうなって国、場所はどこですか？〈匿名〉

行ったことはあるのですが…高知をもっと満喫したいです“

Q. 毎回どれくらいの予算で旅行していますか？〈匿名〉

あまり決まってませんが、真似をしやすいような価格帯を意識しています。

Q. お得に旅行するコツ〈あやどん〉

早割を使う！！

Q. 旅を動画にしてYouTubeにあげるきっかけがあれば知りたいです！〈みゆう〉

一人旅をしたことなかったので、新しいことをしてみたかった！

Q. 食事、立地、部屋などぴやこさん的に宿泊先を決めるポイントってなんですか？〈匿名〉

食事です！！

Q. 旅行の時に飲むお酒の選び方の基準ってありますか？〈miona〉

飲んだことのない地元のお酒を飲んでみる！！

Q. これだけは外せないって事や物は？〈パルスケ〉

水回りが綺麗か。

Q. 行き先を決める時の決め手は、何かありますか？〈匿名〉

ここ楽しそう！という直感です！

Q. こんにちは。度々ごめんなさい旅行に必ず持って行く物はありますか？〈メリーちゃん大好き〉

スマホ！充電器・・・？

Q. 観光する場所は事前にガイドで決める派？それとも行き当たりばったり派？〈匿名〉

行き当たりばったりと見せつつ、大体の目星はつけて行きます！

Q. これまで旅行した中でこれを食べるためだけにまたここに行きたい！と思った物はありますか？〈みゆき〉

境港の和泉のお魚!!!

Q. びっちり計画たてる派ですか？それとものん気気ままな旅ですか？〈匿名〉

呑気な旅行です！

Q. 旅行の計画は安くなる金額優先？モルディブ・ボラボラ島

Q. 旅行先で行くお店の選び方3選〈なーゆー〉

む…難しい

Q. 旅行先で重要視するポイントTOP3〈なーゆー〉

朝食オンリー!!!!!!

Q. 旅先で1人でお店に入るのが緊張します。やはり慣れでしょうか。〈こう〉

慣れません（笑）。でも意外と人は自分が思っているより、人に関心はないと言い聞かせています。

Q.一人旅初心者におすすめの場所教えて欲しいです！〈25歳OLのR〉

近場から攻めるのはどうですか“？

Q. 旅先で歩いている時に頭に鳥のフンを落とされたことはありますか？〈あーる〉

ないです！

Q. ぴや子さん的旅のお供にもってこいなおやつは？？〈どりぃ〜。〉

おやつ…あんまり持ち歩かないんですよね。

Q. 旅先で入る店の決め方は？〈どりぃ〜。〉

美味しそうか！

Q. どこに行っても外せないものがあれば教えて欲しいです！〈まりも〉

ホテルでしたらドーミーイン!!!!

Q. 日程はどこまで決めて行かれますか？ 細かく決めていく派？ 行き当たりばったり派？〈なっぴ〉

行き当たりばったり派です！

Q. 旅行先のホテルを選ぶ基準やきっかけはなんでしょうか？？〈ささし〉

立地、朝食がテンションあがるラインナップか、バストイレ別でも狭くないか。

Q. ぴや子さんのひとり旅の計画の立て方を是非教えていただきたいです！〈爽やかカレー〉

行きたい！　と思ったところを中心に調べます！

Q. 旅行であると便利なグッズは？〈NOFX〉

蒸気でホットアイマスク！

Q. 宿泊する部屋で重要視しているところは何ですか？広さ、ベッド、シャワーの勢いなど。〈NOFX〉

広い部屋だとテンション上がりますよね、ツインルームを経験してからツインルームがいいなあと思います。

Q. 必ず、旅行に持って行く物は、ありますか？〈匿名〉

スマホ！　撮影の時はカメラ！　一応かめ1

Q. 旅行は何日前に計画して、宿をとっていますか？お得なプランとかも活用していますか？〈鈴木浩一〉

利用します!!!　利用できるものはなんでも利用します。

Q. コロナ禍以降にぴや子さんを知りました。コロナ禍前はどんな感じの旅行に行かれていましたか？〈ゆか〉変化は有りますか？これは持って行かなくなったとか…〈ひなぎく〉

私は肌が強いのでスキンケアグッズは持たなくなりました！でもパックは特別です！　おすすめのパック教えてください！

Q. 旅あるある①いっそ住んだろか②やっぱうちが1番や③は何？〈兵庫県パンダの中の人〉

③仕事頑張ろう

Q. 旅行に行く際にどのくらい下調べをされていますか？〈ずー。〉

あんまりしません

Q. 細かいスケジュール(何時にこのお店に行って…のような)は決めてから行きますか？〈ポちゃん〉

サクサク回っているようで全然効率よく回れません！　編集でなんとかなっています！

Q. 感動する接客サービスを受けた体験談を知りたいです。〈Citrus358〉

京都の山田屋旅館です!!

Q. 宿は旅行サイトで取りますか？それとも直接宿のHP等から取りますか？〈ボブ nokko〉

それぞれですが、ドーミーインは公式です！

Q. 47都道府県全て旅行行かれましたか？〈匿名〉

まだまだです！

Q. 最長何日間海外に滞在した事がありますか？〈匿名〉

4日ですかね？

Q. 予算はいくらぐらいを目安にしていますか？〈かーくん〉

あんまり気にしないのですが、サービスと価格に大きなずれがなければ行くようにしています！

Q. 旅行は行き先を決めてからですか？ホテルが先ですか？〈昌子〉

ホテルが先です！

Q. 旅のモットーは？〈ぶんぶん〉

自分探しは全く探せていませんが、いろんな人と関われることで視野が広がります！（モットーなのかな）

Q. どんな時に旅行行きたい！　行こう！　と思いますか？〈アキ子〉

行きたいと思ったら行きます！

Q. 旅行の荷物を一個しか持っていけないとしたら何をもっていきますか？〈MIDORI〉

スマホ！

Q. 今までで1番美味しかったビジホ朝食は？〈やもりん〉

山田屋旅館の朝食！

Q. 旅先は何を重視して決めていますか？（食べ物、観光などなど、、）〈のんの〉

食べ物です！

Q. 旅行の計画はしっかり立てますか？〈みなづきあお〉

アバウトです！

Q. 行ってみたいけれど一生行かなそうな旅行先は？〈なーゆー〉

Q. 旅行先を決める時に大事にしているものを教えて下さい！〈れんか〉

楽しそうかどうか!?　遠すぎないか!!!

Q. こだわりの持ち物は？〈隼人〉

ないんですが…一応亀ってことで…亀ちゃん

Q. いつも宿泊するホテルを選ぶ基準があれば教えてほしいです。〈えりんぎ〉

朝食が美味しいところがいいですねえ～！　朝食が美味しい！　ビュッフェ、定食は特に気にしません！

Q. 旅行先を決めるときの一番重要な決め手はなんですか？〈タケ子〉

美味しい食べ物！　宿！！

Q. これは絶対持って行く！　って物があったら教えてくだぱい！〈りょっぴ〉

スマホ！　あとは・・・なんとかなる!?　スマホ！

Q. 旅先でのお店探しの基準は？〈のぞみまる〉

やはり視聴者さんと食べログ！　特に視聴者さんに聞く！

Q. 旅行先での食べ物をどうやって決めているのか知りたいです！〈タニシ〉

視聴者さんのおすすめと食べログ！視聴者さんに聞きます！

Q. 旅行先を選ぶ時はなにを基準に選んでいますか？〈はっな〉

立地とサービス。宿を1番重要視します！

Q. 私も旅はだいたい1人なんですが、知らない居酒屋さんとかに入る勇気がないです。心構え教えて！〈匿名〉

思っているより他の人は自分を見てないと言い聞かせてます（笑）。お酒をたくさん飲んでお店の人と仲良くなります！

Q. 一人旅で動画撮影するの難しいなと思うのですがコツはありますか？〈ぶんぶんちょ〉

一人でやると、相談する人がいないので全て手探りなので、それは不安です。まだ慣れません…（笑）。

Q. 今までホテルスタッフに対応されて嬉しかったことはありますか？〈ほっぷ〉

こっそり動画見てます！　と言ってもらえたことです！　こっそりYouTube見てますって言われた時はめちゃくちゃ嬉しかったです！

Q. 荷物を少なくするコツ、教えてほしいです。〈れんか〉

私も色々荷物が多かったですが、旅行を重ねるうちに必要なものが分かってきて、結果少なくなりました。圧縮出来る袋はおすすめですよ！

Q. こんばんは！ホテルを決める際、1番重要視していることは何ですか？〈kaori-ku819〉

朝食です！　朝食！

Q. いつも楽しく観てます！　旅行へ行きたい!!!　と思う時はどんな時ですか？〈まっすー〉

あ～～～～疲れた～～～って時です。あと行きたい場所を見つけた時！疲れた時！

Q. 旅行に持ってくヘアケア用品を教えてください。〈西野〉

一応オイル系のは持っていきます！あとストレートアイロン。基本的にアメニティーで済ませます！

Q. 旅が好きです。思い出を残す為にオススメなもの、アイテムってありますか？〈マツオノブコ〉

基本的に写真くらいしか撮らないのですが、動画を作ってから、見返すとあの時こうだったなあ～と思い返したりします♪　カメラはいいですよねえ！

Q. おすすめの予約サイトを教えて下さい。公式サイト・楽天トラベル・OZモール〈この間ア◯ダで予約間違えて 100%お支払いした人〉

私は楽天をよく使うので楽天が多いですが、公式サイトもおすすめですよ～！

Q. 今まで一番美味しかった旅先のお土産ってなんですか？〈こず〉

萩の月…悩む…司の牛タン!!

Q. ハネムーンはどこに行きたいですかー？〈さおりん〉

モルディブに行きたいです。モルディブもしくはボラボラ島！

Q. ぴや子さんの食べっぷりが好きです！　旅先で美味しいもの余すことなく食べるコツは？〈おさり〉

前日から胃袋のキャパを空けておきます。胃のコンディションを整える!!!!

Q. 青春18切符使ったことありますか？エピソードあったら教えてください！ 使ったことがないです。〈アオ〉

実はないんです・・・

Q. 旅行先の決め手は？観光地？　宿？　食事？　その他？　何かな〈匿名〉

食事！　宿から決めることが多いです！

Q. 旅行に行きたくなるのはいつの季節ですか？〈シロクマ〉

秋の紅葉は見たいです！　あと雪も見たいです！　暑いのは苦手なのでそれ以外で！

Q. 私は食べ物で旅行先決めてます。ぴやこさんは旅行行き先決める時の基準はなんですか？〈みずき〉

私も食べ物優先です！　泊まりたい場所から決めます！

Q. ぴやちゃん流の旅行時のポリシーがあったら教えてください。〈アニャフ〉

疲れない範囲で楽しむ！　マイペースに楽しむ！　誰に行動を制限されることがないのが一人旅だと思っているので！

金額関係なく楽しみ優先？〈るー〉

たまにはラグジュアリーな旅行をしたいのですが、期待値が高すぎてがっかりするのも嫌だしなあと思ったりします（笑）。

Q. 旅行が終わった瞬間の悲壮感をぴや子さんはどうやって解消していますか？〈たよこ〉

出来るだけ昼過ぎには家に着くようにしてます！　次の日仕事で夜まで満喫すると、悲壮感が余計強くなってしまうので。

Q. 旅行に必ず持っていくものは何ですか？〈さとぽん〉

スマホです♪

Q. 絶対に持って行くもの、鞄の中身が知りたいです。〈ぴおり〉

ぴやコラムを見てね☆

Q. お一人様で旅館に泊まりたい時はどうしてますか？〈わんこ〉

最近は増えた気がします！　でも2人で宿泊するときと比べると割高ですよね…。

Q. 私も一人ホカンスしてみたのですが、なかなか手が出ません。きっかけは何でしたか？〈やしこ〉

なんか新しいことをしたい！　と思いました！

Q. 予算はいくらなど設定していますか？している場合はどうやって決めていますか？？〈ぱぴこ〉

なんとなくは決めています！　サービス・時期を考慮して大きく平均価格から外れていないところです！

Q. 旅先で食事する際のお店選びの情報源はどこから？〈ゆたか〉

食べログ、地元の視聴者さん！　視聴者さんから教えていただきます！

Q. ビジホ旅も好きですが、旅館も気になります！旅館も一人で泊まれたりしますか？ 旅館も今はお一人様プランがたくさん出ているので行き易いと思います！〈ノリラックマ〉

旅行も行きます♪　動画でも行ったりしてるのでぜひ見てください！でもホテルに比べると旅館は2人～の方が多かったりしますよねえ。

Q. お酒好きのぴやこさんですが旅先の地酒について調べてから行かれる事はありますか？〈かい〉

全く調べません。店員さんにおすすめを聞きます！　お酒は大好きなのですが、味にはうるさくなく…。基本おすすめをいただきます！

Q. ホテルや旅館で一人だと怖いときないですか？（おばけとか）そんなときどぉしてます？〈ゆみこん〉

お化けより実際の人間の方が怖いかなと思うので、お化けには会ったことはありません！　たまに残像を見てしまって怖くなる時もありますが、そしたらスマホをいじります（笑）。そして生きた人間の方が怖いと言い聞かせます！

いますか？〈お結び〉

かなりアバウトに決めます！

Q. 今まで行った場所でもう一度行きたい場所はどこですか？〈お結び〉

境港！

Q. 車がなくても楽しめるスポットを教えてください！〈おかゆ〉

箱根とかですかね！？

Q. 旅をするにあたって何を重要視しますか。〈もにょ〉

朝食！

Q. 宿泊先を決める時の譲れないポイントはありますか？〈ゆき〉

朝食！

Q. 予算を決めて計画を立てますか〈匿名〉

予算はあまり考えませんが、動画だと真似しやすい価格にするようにしています！

Q. 最後の晩餐ならぬ、最後の旅行はどこにいきますか？〈匿名〉

境港！　鬼太郎たちもいるので…

Q. 服はいつ決めていますか〈匿名〉

直前です！

Q. 旅先で美味しいご飯に出会う方法。〈かとりさ〉

視聴者さんに聞きます！

Q. 旅先で1番で辛かった出来事はありますか？〈匿名〉

台湾で帰国できなかった時です。辛いというか自分に呆れました！

Q. 旅先でご飯屋さんを決める基準はなんですか？〈匿名〉

お腹と相談します！

Q. 旅先はいつもどうやって決めていますか？〈mi-mama〉

行きたい宿とかができたら！

Q. 旅先は、旅行に行くどれくらい前から決めていますか。〈匿名〉

休みができて、旅行に行ける体力もあったら速攻行動します！

Q. ぴや子さんが旅をするにあたって心がけていることはズバリ？〈saiさん〉

（常識範囲で）人の目を気にしない！

Q. 旅先の決定的な決め手はなんですか？〈まいこ〉

宿です！

Q. 動画外含めて1番思い出に残っている旅はなんですか？〈ともか〉

別所温泉に行く時いろんな人が親切にしてくれたこと。

Q. 旅先の飲食店はどうやって決めていますか？最近ではX（旧Twitter）でぴやーずに聞いたりしていますが、地元の旬や美味しいものを見つけるコツってありますか？〈こころ。〉

やっぱり視聴者さん（ぴやーず）に聞くとハズレがないですよねえ!!　それをもとに旅行を練りますが、割となんでも美味しいと思えるタイプなので、ハズレた！！と思うことは少ないです！

パに履き替えるのか迷うのですが、どうしてますか（笑）？〈まち〉

私も悩みます。

Q. 着ていく服や持って行く服はどうやって決めてますか？〈匿名〉

たくさん食べられるようにワンピースが多いです。

Q. 旅先のおいしいグルメのリサーチはどうしていますか？〈北のよつお〉

食べログ・視聴者さんのおすすめ♪

Q. ホテルを選ぶ時の決め手を教えてください。〈匿名〉

朝食。

Q. 特に好きなご当地グルメはありますか？〈ねこ〉

新潟のご当地グルメは美味しかったです！

Q. ベストオブさっぱり丸ホテルはどこですか？〈すさん〉

ドーミーイン!!

Q. 旅行は、宿、飯、旅先のスポット、どこを重要しますか？〈そうま〉

ご飯と宿！

Q. ソロ活初心者にオススメの行き先はどこですか？〈おかゆ〉

近場の観光地はどうですか！？アクセスの良さは重要ですよね。

Q. 今まで旅行に行って良かった、分野別ではないですが、教えて頂けると嬉しいです。〈麻衣ハム〉

別所温泉は行って良かったなあ～と思います。

Q. 旅行に行くとき荷物が多くて亀ちゃんたちを置いていこうと思ったことありますか？〈masayo〉

置いていこうと思ったことはないのですが、忘れてしまったことはあります。

Q. 今まで1番最高だったホテルはどこですか？〈もにょ〉

草津ラビスタ！

Q. 好きな温泉の温質とかありますか？　私はモール温泉がすきです。〈音ぷ〉

あまりこだわりはないです！　勉強します！

Q. 九州の博多で行くならどのお店でしょうか！〈牧〉

屋台以外にもたくさん行きたいですね！

Q. 次の行き先はどれくらい前から計画されていますか？弾丸ですか？　ぴやちゃん大好き　〈Riiii**〉

突然決めることもあります！

Q. 行き先を決める際は、何を1番重視して決めているんですか？〈モモ吉〉

食べ物が美味しいか！

Q. ホテルと交通機関セットのツアーとそれぞれ別々に予約。どちらで手配していますか？〈ソフィア〉

バラバラです！

Q. 旅行の計画をどれくらい綿密に立てるのかいつも悩みます。どうして

Q. 宿泊先はブランド、立地、料金どれを一番重要視されますか？〈みゅう〉

価格が高すぎず、サービスと比較して決めます！　この中ならブランド！

Q. ご飯屋さんを調べる場合の方法は？？（Google マップ、食べログ、インスタ等）〈りつこ〉

全部使ってます！　まさにその通りです！

Q. 今思い出しても恥ずかしい！旅先での失敗談があれば教えてください。〈シロクマ〉

パンツが落とし物箱の中に入ってた、ルームキーを忘れて出てきてしまった、のはやっぱり恥ずかしいです。

Q. 次の旅行はどこに行こうかな、と思ったら、まず何から調べますか？？〈ぴぴちゃん〉

静かなところがいいですね！　宿！！

Q. ぴやこさんの旅のマイルールを教えて下さい！〈ゆう太〉

のんびりゆるく楽しむ！　行きたいところに行く！　疲れたらやめる！　好きに行動する！

Q. 目的地は行きたい場所で決めますか？食べたいもので決めますか？〈匿名〉

これを食べたい！　というときもありますが、歩いててここいいなあと思うこともあります！　食べたいもののが多いです。

Q. リピートして訪れた場所はありますか？〈まなごん〉

「ドーミーイン川崎」。全部リピートしたいのですが、草津のラビスタは良かった～～～。

Q. 旅先に持って行くものは？　亀以外で！〈ちひまる〉

スマホ！

Q. これだけは持っていく！　ぴやちゃんの三種の神器は？〈ひいちゃん〉

スマホ！　亀！　クレカ！

スマホ！　下着！　財布！

Q. 旅先の行き先はどのように決めますか？（お金、距離、etc）〈hujiko〉

余裕があったら遠くに行きます！　お金は旅行の時はあまり気にしないようにします！　行きたい宿を見つけたら！

Q. 食が好みだった旅先はどこですか？〈mariiiiie.99x〉

大阪！

Q. ホテル選びの一番の決め手は？〈マロン〉

朝食♪

Q. 一人旅の最高の瞬間は？〈マロン〉

自由に行動範囲を決められる

Q. ホテルはどこで予約したら安いですか？安いとこが見つかるまで探しますか？〈あきな〉

公式がなんだかんだ安い気がします！

Q. いつも、どこで靴を脱いでスリッ

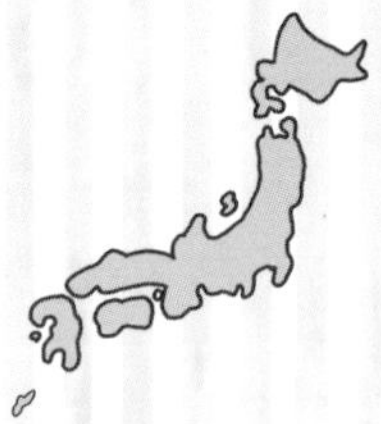

# おわりに

私が『酒飲み独身ぴや子の宿泊記』に最初に動画をアップした時は「1本目からバズったらどうしよう（笑）」と思ってドキドキしながら上げたのに、時間が経っても再生回数、数回。「これ、私しか見てないじゃん」とひとりで笑っていました。それはそうですよね、素人がビジホ飲みをする動画を上げても見てもらえるはずがありません。そんなこともあって需要を感じていませんでした。

でも、少しずつホテル関係者の方から感謝のお言葉をいただくことが増えていきました。

「動画で紹介してくれてありがとうございます」

「動画で魅力を伝えてくれてありがとうございます」

などなど。だからこそ、再生数が上がってもあくまで撮らせてもらっているというスタンスは忘れてはいけないなと思っています。なのにこんな嬉しいことを言ってもらえて……。

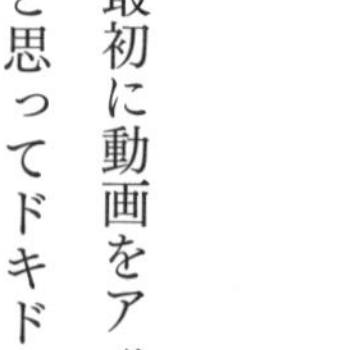

それまでは「社会の中で自分の存在価値ってなんだろう」と思い悩む日々ばかりでしたが、自分のやったことを初めて認められたようですごく嬉しかったです。すべてのホテルは撮影の許可を取っていますが、すべてのホテルの担当者の方々は本当に優しくて。この場をお借りして、あらためてありがとうございます！

ちなみに私にはもうひとつスタイルというか自分ルールがあります。それは「人を傷つけることを言わない」です。すべての方を……というのは厳しいですが、自分が傷つくのも嫌だし、悲しい気持ちにさせるのも嫌です。

「この表現は誤解を生むかな」「この書き方だと嫌な気持ちになる人がいるかな」など表現にはかなり気をつけています。それは登録者の多さ云々ではなく、ＳＮＳをやる上でのマナーかなと思っています。言葉の表現に悩みすぎて、「誰も見てないのに編集で気を遣いすぎかな？」なんて自問自答することもありました（そのくせ誤字は多くてすみません）。とにかく、私の動画を見て「ちょっと旅の真似をしてみたいな」って思ってもらえれば嬉しいだけなんです。

最近はビジネスホテルに特化したコンテンツも増えてきましたよね。どれも観ていて面白いし、サムネイルもセンスとインパクトがあるし、女性ならではのネタにも踏み込んでいたりします。私もいち視聴者として楽しんでいますが、そんなチャンネルと比べると、自分のチャンネルは「地味だな」って感じていました。「もっと大胆な表現のほうがいいよなぁ」とか。

でも、動画のコメント欄に賛同、励まし、応援のメッセージをいただく機会も増えていき、「ぴや子さんの動画を見て○○ホテルに泊まってきました！」「動画のおかげで明日も頑張れます!!」なんていうコメントも！　想像以上に皆さんからの反響が楽しくて、すごく嬉しいんですけど、「本当に私の動画でいいの?」と不思議な気持ちです。作り始めて2年以上経つ今でも疑心暗鬼のなか動画を作っていますが、これからもビジホで誰にも気を遣わず、ゆっくりとお風呂とサウナに入って、誰の目も気にせずお酒を飲んで、ゲームをしながら背徳感にまみれた時間を楽しみたいです。そして等身大の自分を通して、全国のビ

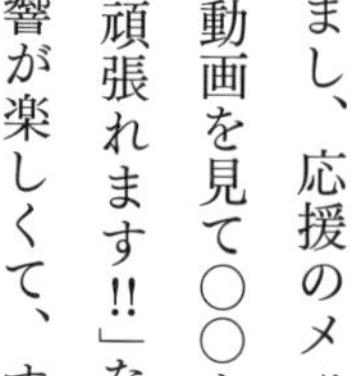

ジホの魅力をこれからもお届けしていきたいです。

全国と言えば、まだ47都道府県を制覇できていません。本当に全国に行きたいし、すべてのビジネスホテルも制覇したいと本気で思っています。もし、私の動画やこの本に載っていないおすすめの地域やホテルがあったらぜひＳＮＳや動画のコメント欄で教えてくださいね。でも、あせることなく、これからもマイペースに。夢はでっかく「世界制覇」!!

最後にこの本を買ってくださった皆さんに感謝申し上げます。こんな絵も文章も未熟な私の本を「おわりに」まで読んでくださりありがとうございました。本づくりのやる気はあったんですが、２年以上、完成まで時間がかかってしまいました。でもなんとなくコツは掴めたので、１冊目が売れたら、本来の姿である〝代官山白湯《さゆ》系女子〟として『世界一周ごほうび旅ラグジュアリー編』を出そうと思っています！

２０２３年12月吉日　ぴや子

# 飲食店　取材協力一覧（順不同）

博多らーめんShin-Shin
KITTE博多店

812-0012　福岡県福岡市博多区博多駅中央街9-1　KITTE博多 B1
TEL：092-260-6315
https://www.hakata-shinshin.com/

雲仙

810-0001　福岡県福岡市中央区天神2-13-1　福岡銀行本店前
TEL：090-8625-9512

河太郎 博多駅店

812-0012　福岡県福岡市博多区博多駅中央街8-1　JRJP博多ビル 1階
TEL：092-260-9442
http://www.kawatarou.jp/hakata/

コンパル　サンロード店
（※本文で紹介のメイチカ店は閉店中）

450-0002　愛知県名古屋市中村区名駅4-7-25　サンロード地下街内
TEL:052-561-8316
https://www.konparu.co.jp/index.html

味仙JR名古屋駅店

450-0002　愛知県名古屋市中村区名駅1-1-4
TEL：052-581-0330
https://www.misen.ne.jp/

黒豚屋 らむちぃ

460-0008　愛知県名古屋市中区栄3-15-6　HP栄ビル（旧 栄STビル）B1
TEL：052-241-1664

旨いもん市場
海月丸（かつきまる）

684-0011　鳥取県境港市相生町16
TEL: 0859-42-6897
http://ryugunokura.com/

牛骨ラーメン
富んや（とんや）

684-004　鳥取県境港市竹内町3583-22
TEL: 0859-45-2322

和泉（いずみ）

684-0025　鳥取県境港市本町19
TEL: 0859-42-3102

ジンギスカン　ひげのうし本店

060-0063　北海道札幌市中央区南3条西5丁目35-3
TEL：011-281-2980
http://www.higenoushi.com/

どんぐり　大通店

060-0042　北海道札幌市中央区大通西1丁目13　ル・トロワ 1F
TEL：011-210-5252
https://www.donguri-bake.co.jp/

中国料理 布袋 本店
060-0061　北海道札幌市中央区南一条西9丁目1-3
TEL :011-272-4050
https://zangihoteigroup.com/

RAMAI　札幌中央店

064-0804　北海道札幌市中央区南4条西10丁目1005-4　コンフォモール札幌 1F
TEL:011-211-0697
http://www.ramai.co.jp/

札幌味噌ラーメン専門店
けやき　すすきの本店

064-0806　北海道札幌市中央区南6条西3丁目　睦ビル1F
TEL:011-552-4601
https://www.sapporo-keyaki.jp/

回転寿しトリトン　北8条光星店

060-0908　北海道札幌市東区北8条東5丁目19-1
TEL: 011-374-8666
https://toriton-kita1.jp/

大都会　北口店

171-0021　東京都豊島区西池袋1-29-1　ホテルサンシティ池袋内
TEL:03-3986-4564

BEER PUB CAMDEN
池袋東口店

170-0013　東京都豊島区東池袋1-7-2　東駒ビル 2階
TEL: 03-3982-6599
http://beerpubcamden.com/east/

釜揚げ牧のうどん
博多バスターミナル店

812-0012　福岡県福岡市博多区博多駅中央街2-1 B1F
TEL: 092-483-1130
https://www.makinoudon.jp/

瓢太（ひょうた）

790-0003　愛媛県松山市三番町6-1-10
TEL：089-931-5133

ひろしま丸かじり 中ちゃん

730-0023　広島県広島市中区弥生町6-8
TEL：082-243-6067
https://nakachanhiroshima.wixsite.com/home

もりもり寿し近江町店

920-0907　石川県金沢市青草町８８　近江町いちば館 1F
TEL：076-262-7477

味噌と餃子の青源　パセオ店

321-0965　栃木県宇都宮市川向町1-23　宇都宮駅ビルパセオ 1F
TEL：028-627-8464
https://www.aogen.co.jp/gyoza

宇都宮みんみん本店

320-0026　栃木県宇都宮市馬場通り4-2-3
TEL：028-622-5789
https://www.minmin.co.jp/

餃天堂　シンボルロード店
（移転後の住所）

320-0801　栃木県宇都宮市池上町1-11
TEL：028-689-8518

夢酒OGAWA（ムッシュオガワ）
パイプのけむり
320-0034　栃木県宇都宮市泉町2-19
TEL：028-621-9281

牛タン焼専門店　司
東口ダイワロイネットホテル店
（本店は移転作業中）

983-0852　宮城県仙台市宮城野区榴岡1-2-37　ダイワロイネットホテル仙台 1F
TEL：022-298-7388
https://www.gyutan-tsukasa.co.jp/

イタガキフルーツカフェ
（いたがき本店）

983-0862　宮城県仙台市宮城野区二十人町300-1
TEL：022-291-1221

※取材協力一覧の住所および電話番号は2023年12月19日時点のもの　※アドレス記載の許可をいただいた店舗様のみ

最後までご覧いただき
ありがとうございました。
そんなみなさんに、
「天然温泉 勝運の湯 ドーミーイン甲府 丸の内」
の動画をお贈りします。
新宿から甲府駅まで、特急かいじで90分
素晴らしいビジホ旅をお楽しみください。
ぴや子より


特典動画「天然温泉 勝運の湯 ドーミーイン甲府丸の内」

日本全国
オトナのごほうび

# ビジホ旅

著　者　ぴや子

2024年2月1日　初版発行
2024年3月1日　３版発行

装　丁　濱中幸子（ハマプロ）
協　力　mint design
校　正　株式会社東京出版サービスセンター
編　集　岩尾雅彦／吉岡萌（ワニブックス）

発行者　横内正昭
編集人　岩尾雅彦
発行所　株式会社ワニブックス
〒150-8482　東京都渋谷区恵比寿4-4-9えびす大黒ビル
ワニブックスHP　http://www.wani.co.jp/
（お問い合わせはメールで受け付けております。
HPより「お問い合わせ」へお進みください）
※内容によりましてはお答えできない場合がございます。

印刷所　TOPPAN株式会社
製本所　ナショナル製本

本書に掲載した情報は2023年11月現在のものとなります。
特典動画は2024年12月31日までの限定公開となります。


ISBN 978-4-8470-7296-3